JAPONÉS

VOCABULARIO

PALABRAS MÁS USADAS

ESPAÑOL-
JAPONÉS

Las palabras más útiles
Para expandir su vocabulario y refinar
sus habilidades lingüísticas

5000 palabras

Vocabulario Español-Japonés - 5000 palabras más usadas

por Andrey Taranov

Los vocabularios de T&P Books buscan ayudar en el aprendizaje, la memorización y la revisión de palabras de idiomas extranjeros. El diccionario se divide por temas, cubriendo toda la esfera de las actividades cotidianas, de negocios, ciencias, cultura, etc.

El proceso de aprendizaje de palabras utilizando los diccionarios temáticos de T&P Books le proporcionará a usted las siguientes ventajas:

- La información del idioma secundario está organizada claramente y predetermina el éxito para las etapas subsiguientes en la memorización de palabras.
- Las palabras derivadas de la misma raíz se agrupan, lo cual permite la memorización de grupos de palabras en vez de palabras aisladas.
- Las unidades pequeñas de palabras facilitan el proceso de reconocimiento de enlaces de asociación que se necesitan para la cohesión del vocabulario.
- De este modo, se puede estimar el número de palabras aprendidas y así también el nivel de conocimiento del idioma.

T&P Books Publishing
www.tpbooks.com

ISBN: 978-1-78314-249-1

Este libro está disponible en formato electrónico o de E-Book también.
Visite www.tpbooks.com o las librerías electrónicas más destacadas en la Red.

VOCABULARIO JAPONÉS
palabras más usadas

Los vocabularios de T&P Books buscan ayudar al aprendiz a aprender, memorizar y repasar palabras de idiomas extranjeros. Los vocabularios contienen más de 5000 palabras comúnmente usadas y organizadas de manera temática.

- El vocabulario contiene las palabras corrientes más usadas.
- Se recomienda como ayuda adicional a cualquier curso de idiomas.
- Capta las necesidades de aprendices de nivel principiante y avanzado.
- Es conveniente para uso cotidiano, prácticas de revisión y actividades de auto-evaluación.
- Facilita la evaluación del vocabulario.

Aspectos claves del vocabulario

- Las palabras se organizan según el significado, no según el orden alfabético.
- Las palabras se presentan en tres columnas para facilitar los procesos de repaso y auto-evaluación.
- Los grupos de palabras se dividen en pequeñas secciones para facilitar el proceso de aprendizaje.
- El vocabulario ofrece una transcripción sencilla y conveniente de cada palabra extranjera.

El vocabulario contiene 155 temas que incluyen lo siguiente:

Conceptos básicos, números, colores, meses, estaciones, unidades de medidas, ropa y accesorios, comida y nutrición, restaurantes, familia nuclear, familia extendida, características de personalidad, sentimientos, emociones, enfermedades, la ciudad y el pueblo, exploración del paisaje, compras, finanzas, la casa, el hogar, la oficina, el trabajo en oficina, importación y exportación, promociones, búsqueda de trabajo, deportes, educación, computación, la red, herramientas, la naturaleza, los países, las nacionalidades y más ...

TABLA DE CONTENIDO

GUÍA DE PRONUNCIACIÓN

T&P alfabeto fonético	Hiragana	Katakana	Romaji	Ejemplo japonés	Ejemplo español

Las consonantes

T&P alfabeto fonético	Hiragana	Katakana	Romaji	Ejemplo japonés	Ejemplo español
[a]	あ	ア	a	あなた	radio
[i], [i:]	い	イ	i	いす	tranquilo
[u], [u:]	う	ウ	u	うた	justo
[e]	え	エ	e	いいえ	verano
[ɔ]	お	オ	o	しお	costa
[ja]	や	ヤ	ya	やすみ	ensayar
[ju]	ゆ	ユ	yu	ふゆ	ciudad
[jɔ]	よ	ヨ	yo	ようす	yogur

Sílabas

T&P alfabeto fonético	Hiragana	Katakana	Romaji	Ejemplo japonés	Ejemplo español
[b]	ば	バ	b	ばん	en barco
[ʧ]	ち	チ	ch	ちち	porche
[d]	だ	ダ	d	からだ	desierto
[f]	ふ	フ	f	ひふ	golf
[g]	が	ガ	g	がっこう	jugada
[h]	は	ハ	h	はは	registro
[ʤ]	じ	ジ	j	じしょ	jazz
[k]	か	カ	k	かぎ	charco
[m]	む	ム	m	さむらい	nombre
[n]	に	ニ	n	にもつ	número
[p]	ぱ	パ	p	パン	precio
[r]	ら	ラ	r	いくら	era, alfombra
[s]	さ	サ	s	あさ	salva
[ɕ]	し	シ	sh	わたし	China
[t]	た	タ	t	ふた	torre
[ʦ]	つ	ツ	ts	いくつ	tsunami
[w]	わ	ワ	w	わた	acuerdo
[ʣ]	ざ	ザ	z	ざっし	inglés kids

ABREVIATURAS
usadas en el vocabulario

Abreviatura en español

adj	-	adjetivo
adv	-	adverbio
anim.	-	animado
conj	-	conjunción
etc.	-	etcétera
f	-	sustantivo femenino
f pl	-	femenino plural
fam.	-	uso familiar
fem.	-	femenino
form.	-	uso formal
inanim.	-	inanimado
innum.	-	innumerable
m	-	sustantivo masculino
m pl	-	masculino plural
m, f	-	masculino, femenino
masc.	-	masculino
mat	-	matemáticas
mil.	-	militar
num.	-	numerable
p.ej.	-	por ejemplo
pl	-	plural
pron	-	pronombre
sg	-	singular
v aux	-	verbo auxiliar
vi	-	verbo intransitivo
vi, vt	-	verbo intransitivo, verbo transitivo
vr	-	verbo reflexivo
vt	-	verbo transitivo

CONCEPTOS BÁSICOS

Conceptos básicos. Unidad 1

1. Los pronombres

yo	私	watashi
tú	あなた	anata
él	彼	kare
ella	彼女	kanojo
nosotros, -as	私たち	watashi tachi
vosotros, -as	あなたがた	anata ga ta
ellos, ellas	彼らは	karera wa

2. Saludos. Salutaciones. Despedidas

¡Hola! (fam.)	やあ！	yā!
¡Hola! (form.)	こんにちは！	konnichiwa!
¡Buenos días!	おはよう！	ohayō!
¡Buenas tardes!	こんにちは！	konnichiwa!
¡Buenas noches!	こんばんは！	konbanwa!
decir hola	こんにちはと言う	konnichiwa to iu
¡Hola! (a un amigo)	やあ！	yā!
saludo (m)	挨拶	aisatsu
saludar (vt)	挨拶する	aisatsu suru
¿Cómo estás?	元気？	genki ?
¿Cómo estáis?	お元気ですか？	wo genki desu ka?
¿Cómo estás?	元気？	genki ?
¿Qué hay de nuevo?	調子はどう？	chōshi ha dō ?
¡Chau! ¡Adiós!	さようなら！	sayōnara!
¡Hasta la vista! (form.)	さようなら！	sayōnara!
¡Hasta la vista! (fam.)	バイバイ！	baibai!
¡Hasta pronto!	じゃあね！	jā ne!
¡Adiós!	さらば！	saraba !
despedirse (vr)	別れを告げる	wakare wo tsugeru
¡Hasta luego!	またね！	mata ne!
¡Gracias!	ありがとう！	arigatō!
¡Muchas gracias!	どうもありがとう！	dōmo arigatō!
De nada	どういたしまして	dōitashimashite
No hay de qué	礼なんていいよ	rei nante ī yo
De nada	どういたしまして	dōitashimashite
¡Disculpa!	失礼！	shitsurei!

| ¡Disculpe! | 失礼致します！ | shitsurei itashi masu! |
| disculpar (vt) | 許す | yurusu |

disculparse (vr)	謝る	ayamaru
Mis disculpas	おわび致します！	owabi itashi masu!
¡Perdóneme!	ごめんなさい！	gomennasai!
perdonar (vt)	許す	yurusu
¡No pasa nada!	大丈夫です！	daijōbu desu!
por favor	お願い	onegai

¡No se le olvide!	忘れないで！	wasure nai de!
¡Ciertamente!	もちろん！	mochiron!
¡Claro que no!	そんなことないよ！	sonna koto nai yo!
¡De acuerdo!	オーケー！	ōkē!
¡Basta!	もう十分だ！	mō jūbun da!

3. Modos del trato: Como dirigirse a otras personas

¡Perdóneme!	すみません、…	sumimasen , ...
señor	…さん	... san
señora	…さん	... san
señorita	…さん	... san
joven	…さん	... san
niño	…ちゃん	... chan
niña	…ちゃん	... chan

4. Números cardinales. Unidad 1

cero	ゼロ	zero
uno	一	ichi
dos	二	ni
tres	三	san
cuatro	四	yon

cinco	五	go
seis	六	roku
siete	七	nana
ocho	八	hachi
nueve	九	kyū

diez	十	jū
once	十一	jū ichi
doce	十二	jū ni
trece	十三	jū san
catorce	十四	jū yon

quince	十五	jū go
dieciséis	十六	jū roku
diecisiete	十七	jū shichi
dieciocho	十八	jū hachi
diecinueve	十九	jū kyū
veinte	二十	ni jū

veintiuno	二十一	ni jū ichi
veintidós	二十二	ni jū ni
veintitrés	二十三	ni jū san
treinta	三十	san jū
treinta y uno	三一	san jū ichi
treinta y dos	三二	san jū ni
treinta y tres	三三	san jū san
cuarenta	四十	yon jū
cuarenta y uno	四一	yon jū ichi
cuarenta y dos	四二	yon jū ni
cuarenta y tres	四三	yon jū san
cincuenta	五十	go jū
cincuenta y uno	五十一	go jū ichi
cincuenta y dos	五十二	go jū ni
cincuenta y tres	五十三	go jū san
sesenta	六十	roku jū
sesenta y uno	六十一	roku jū ichi
sesenta y dos	六十二	roku jū ni
sesenta y tres	六十三	roku jū san
setenta	七十	nana jū
setenta y uno	七十一	nana jū ichi
setenta y dos	七十二	nana jū ni
setenta y tres	七十三	nana jū san
ochenta	八十	hachi jū
ochenta y uno	八十一	hachi jū ichi
ochenta y dos	八十二	hachi jū ni
ochenta y tres	八十三	hachi jū san
noventa	九十	kyū jū
noventa y uno	九十一	kyū jū ichi
noventa y dos	九十二	kyū jū ni
noventa y tres	九十三	kyū jū san

5. Números cardinales. Unidad 2

cien	百	hyaku
doscientos	二百	ni hyaku
trescientos	三百	san byaku
cuatrocientos	四百	yon hyaku
quinientos	五百	go hyaku
seiscientos	六百	roppyaku
setecientos	七百	nana hyaku
ochocientos	八百	happyaku
novecientos	九百	kyū hyaku
mil	千	sen
dos mil	二千	nisen

tres mil	三千	sanzen
diez mil	一万	ichiman
cien mil	１０万	jyūman
millón (m)	百万	hyakuman
mil millones	十億	jūoku

6. Números ordinales

primero (adj)	第一の	dai ichi no
segundo (adj)	第二の	dai ni no
tercero (adj)	第三の	dai san no
cuarto (adj)	第四の	dai yon no
quinto (adj)	第五の	dai go no
sexto (adj)	第六の	dai roku no
séptimo (adj)	第七の	dai nana no
octavo (adj)	第八の	dai hachi no
noveno (adj)	第九の	dai kyū no
décimo (adj)	第十の	dai jū no

7. Números. Fracciones

fracción (f)	分数	bunsū
un medio	2分の1	ni bunno ichi
un tercio	3分の1	san bunno ichi
un cuarto	4分の1	yon bunno ichi
un octavo	8分の1	hachi bunno ichi
un décimo	１０分の1	jyū bunno ichi
dos tercios	3分の2	san bunno ni
tres cuartos	4分の3	yon bunno san

8. Números. Operaciones básicas

sustracción (f)	引き算	hikizan
sustraer (vt)	引き算する	hikizan suru
división (f)	割り算	warizan
dividir (vt)	割る	wareru
adición (f)	加算	kasan
sumar (totalizar)	加算する	kasan suru
adicionar (vt)	足す	tasu
multiplicación (f)	掛け算	kakezan
multiplicar (vt)	掛ける	kakeru

9. Números. Miscelánea

cifra (f)	桁数	keta sū
número (m) (~ cardinal)	数字	sūji

numeral (m)	数詞	sūshi
menos (m)	負号	fugō
más (m)	正符号	sei fugō
fórmula (f)	公式	kōshiki
cálculo (m)	計算	keisan
contar (vt)	計算する	keisan suru
calcular (vt)	数える	kazoeru
comparar (vt)	比較する	hikaku suru
¿Cuánto? (innum.)	いくら？	ikura ?
¿Cuánto?	いくら？	ikura ?
¿Cuánto? (num.)	いくつ？	ikutsu ?
suma (f)	合計	gōkei
resultado (m)	結果	kekka
resto (m)	剰余、余り	jōyo, amari
algunos, algunas ...	少数の	shōsū no
poco (adv)	少し	sukoshi
resto (m)	残り	nokori
uno y medio	1，5	ittengo
docena (f)	ダース	dāsu
en dos	半分に	hanbun ni
en partes iguales	均等に	kintō ni
mitad (f)	半分	hanbun
vez (f)	回	kai

10. Los verbos más importantes. Unidad 1

abrir (vt)	開ける	akeru
acabar, terminar (vt)	終える	oeru
aconsejar (vt)	助言する	jogen suru
adivinar (vt)	言い当てる	īateru
advertir (vt)	警告する	keikoku suru
alabarse, jactarse (vr)	自慢する	jiman suru
almorzar (vi)	昼食をとる	chūshoku wo toru
alquilar (~ una casa)	借りる	kariru
amenazar (vt)	脅す	odosu
arrepentirse (vr)	後悔する	kōkai suru
ayudar (vt)	手伝う	tetsudau
bañarse (vr)	海水浴をする	kaisuiyoku wo suru
bromear (vi)	冗談を言う	jōdan wo iu
buscar (vt)	探す	sagasu
caer (vi)	落ちる	ochiru
callarse (vr)	沈黙を守る	chinmoku wo mamoru
cambiar (vt)	変える	kaeru
castigar, punir (vt)	罰する	bassuru
cavar (vt)	掘る	horu
cazar (vi, vt)	狩る	karu
cenar (vi)	夕食をとる	yūshoku wo toru

cesar (vt)	止める	tomeru
coger (vt)	捕らえる	toraeru
comenzar (vt)	始める	hajimeru

comparar (vt)	比較する	hikaku suru
comprender (vt)	理解する	rikai suru
confiar (vt)	信用する	shinyō suru
confundir (vt)	混同する	kondō suru
conocer (~ a alguien)	知っている	shitte iru
contar (vt) (enumerar)	計算する	keisan suru

contar con ...	…を頼りにする	... wo tayori ni suru
continuar (vt)	続ける	tsuzukeru
controlar (vt)	管制する	kansei suru
correr (vi)	走る	hashiru
costar (vt)	かかる	kakaru
crear (vt)	創造する	sōzō suru

11. Los verbos más importantes. Unidad 2

dar (vt)	手渡す	tewatasu
dar una pista	暗示する	anji suru
decir (vt)	言う	iu
decorar (para la fiesta)	飾る	kazaru

defender (vt)	防衛する	bōei suru
dejar caer	落とす	otosu
desayunar (vi)	朝食をとる	chōshoku wo toru
descender (vi)	下りる	oriru

dirigir (administrar)	管理する	kanri suru
disculpar (vt)	許す	yurusu
disculparse (vr)	謝る	ayamaru
discutir (vt)	討議する	tōgi suru
dudar (vt)	疑う	utagau

encontrar (hallar)	見つける	mitsukeru
engañar (vi, vt)	だます	damasu
entrar (vi)	入る	hairu
enviar (vt)	送る	okuru

equivocarse (vr)	誤りをする	ayamari wo suru
escoger (vt)	選択する	sentaku suru
esconder (vt)	隠す	kakusu
escribir (vt)	書く	kaku
esperar (aguardar)	待つ	matsu

esperar (tener esperanza)	希望する	kibō suru
estar de acuerdo	同意する	dōi suru
estudiar (vt)	勉強する	benkyō suru

exigir (vt)	要求する	yōkyū suru
existir (vi)	存在する	sonzai suru
explicar (vt)	説明する	setsumei suru

faltar (a las clases)	欠席する	kesseki suru
firmar (~ el contrato)	署名する	shomei suru
girar (~ a la izquierda)	曲がる	magaru
gritar (vi)	叫ぶ	sakebu
guardar (conservar)	保つ	tamotsu
gustar (vi)	好む	konomu
hablar (vi, vt)	話す	hanasu
hacer (vt)	する	suru
informar (vt)	知らせる	shiraseru
insistir (vi)	主張する	shuchō suru
insultar (vt)	侮辱する	bujoku suru
interesarse (vr)	…に興味がある	… ni kyōmi ga aru
invitar (vt)	招待する	shōtai suru
ir (a pie)	行く	iku
jugar (divertirse)	遊ぶ	asobu

12. Los verbos más importantes. Unidad 3

leer (vi, vt)	読む	yomu
liberar (ciudad, etc.)	解放する	kaihō suru
llamar (por ayuda)	求める	motomeru
llegar (vi)	到着する	tōchaku suru
llorar (vi)	泣く	naku
matar (vt)	殺す	korosu
mencionar (vt)	言及する	genkyū suru
mostrar (vt)	見せる	miseru
nadar (vi)	泳ぐ	oyogu
negarse (vr)	拒絶する	kyozetsu suru
objetar (vt)	反対する	hantai suru
observar (vt)	監視する	kanshi suru
oír (vt)	聞く	kiku
olvidar (vt)	忘れる	wasureru
orar (vi)	祈る	inoru
ordenar (mil.)	命令する	meirei suru
pagar (vi, vt)	払う	harau
pararse (vr)	止まる	tomaru
participar (vi)	参加する	sanka suru
pedir (ayuda, etc.)	頼む	tanomu
pedir (en restaurante)	注文する	chūmon suru
pensar (vi, vt)	思う	omō
percibir (ver)	見掛ける	mikakeru
perdonar (vt)	許す	yurusu
permitir (vt)	許可する	kyoka suru
pertenecer a ...	所有物である	shoyū butsu de aru
planear (vt)	計画する	keikaku suru
poder (v aux)	できる	dekiru

poseer (vt)	所有する	shoyū suru
preferir (vt)	好む	konomu
preguntar (vt)	問う	tō
preparar (la cena)	料理をする	ryōri wo suru
prever (vt)	見越す	mikosu
probar, tentar (vt)	試みる	kokoromiru
prometer (vt)	約束する	yakusoku suru
pronunciar (vt)	発音する	hatsuon suru
proponer (vt)	提案する	teian suru
quebrar (vt)	折る、壊す	oru, kowasu
quejarse (vr)	不平を言う	fuhei wo iu
querer (amar)	愛する	aisuru
querer (desear)	欲する	hossuru

13. Los verbos más importantes. Unidad 4

recomendar (vt)	推薦する	suisen suru
regañar, reprender (vt)	叱る [しかる]	shikaru
reírse (vr)	笑う	warau
repetir (vt)	復唱する	fukushō suru
reservar (~ una mesa)	予約する	yoyaku suru
responder (vi, vt)	回答する	kaitō suru
robar (vt)	盗む	nusumu
saber (~ algo mas)	知る	shiru
salir (vi)	出る	deru
salvar (vt)	救出する	kyūshutsu suru
seguir ...	…について行く	... ni tsuiteiku
sentarse (vr)	座る	suwaru
ser necesario	必要である	hitsuyō de aru
ser, estar (vi)	ある	aru
significar (vt)	意味する	imi suru
sonreír (vi)	ほほえむ [微笑む]	hohoemu
sorprenderse (vr)	驚く	odoroku
subestimar (vt)	甘く見る	amaku miru
tener (vt)	持つ	motsu
tener hambre	腹をすかす	hara wo sukasu
tener miedo	怖がる	kowagaru
tener prisa	急ぐ	isogu
tener sed	喉が渇く	nodo ga kawaku
tirar, disparar (vi)	撃つ	utsu
tocar (con las manos)	触れる	fureru
tomar (vt)	取る	toru
tomar nota	書き留める	kakitomeru
trabajar (vi)	働く	hataraku
traducir (vt)	翻訳する	honyaku suru
unir (vt)	合体させる	gattai saseru
vender (vt)	売る	uru

ver (vt)	見る	miru
volar (pájaro, avión)	飛ぶ	tobu

14. Los colores

color (m)	色	iro
matiz (m)	色合い	iroai
tono (m)	色相	shikisō
arco (m) iris	虹	niji
blanco (adj)	白い	shiroi
negro (adj)	黒い	kuroi
gris (adj)	灰色の	haīro no
verde (adj)	緑の	midori no
amarillo (adj)	黄色い	kīroi
rojo (adj)	赤い	akai
azul (adj)	青い	aoi
azul claro (adj)	水色の	mizu iro no
rosa (adj)	ピンクの	pinku no
naranja (adj)	オレンジの	orenji no
violeta (adj)	紫色の	murasaki iro no
marrón (adj)	茶色の	chairo no
dorado (adj)	金色の	kiniro no
argentado (adj)	銀色の	giniro no
beige (adj)	ベージュの	bēju no
crema (adj)	クリームの	kurīmu no
turquesa (adj)	ターコイズブルーの	tākoizuburū no
rojo cereza (adj)	チェリーレッドの	cherī reddo no
lila (adj)	ライラックの	rairakku no
carmesí (adj)	クリムゾンの	kurimuzon no
claro (adj)	薄い	usui
oscuro (adj)	濃い	koi
vivo (adj)	鮮やかな	azayaka na
de color (lápiz ~)	色の	iro no
en colores (película ~)	カラー…	karā …
blanco y negro (adj)	白黒の	shirokuro no
unicolor (adj)	単色の	tanshoku no
multicolor (adj)	色とりどりの	irotoridori no

15. Las preguntas

¿Quién?	誰？	dare ?
¿Qué?	何？	nani ?
¿Dónde?	どこに？	doko ni ?
¿Adónde?	どちらへ？	dochira he ?
¿De dónde?	どこから？	doko kara ?

¿Cuándo?	いつ？	itsu ?
¿Para qué?	なんで？	nande ?
¿Por qué?	どうして？	dōshite ?

¿Por qué razón?	何のために？	nan no tame ni ?
¿Cómo?	どうやって？	dō yatte?
¿Qué ...? (~ color)	どんな ？	donna?
¿Cuál?	どちらの…？	dochira no ...?

¿A quién?	誰に？	dare ni ?
¿De quién? (~ hablan …)	誰のこと？	dare no koto ?
¿De qué?	何のこと？	nannokoto ?
¿Con quién?	誰と？	dare to ?

¿Cuánto? (innum.)	いくら？	ikura ?
¿Cuánto? (num.)	いくつ？	ikutsu ?
¿De quién? (~ es este …)	誰のもの？	Dare no mono ?

16. Las preposiciones

con ... (~ algn)	…と、…と共に	... to, totomoni
sin ... (~ azúcar)	…なしで	... nashi de
a ... (p.ej. voy a México)	…へ	... he
de ... (hablar ~)	…について	... ni tsuite
antes de ...	…の前に	... no mae ni
delante de ...	…の正面に	... no shōmen ni

debajo de ...	下に	shita ni
sobre ..., encima de ...	上側に	uwagawa ni
en, sobre (~ la mesa)	上に	ue ni
de (origen)	…から	... kara
de (fabricado de)	…製の	... sei no

| dentro de ... | …で | ... de |
| encima de ... | …を越えて | ... wo koe te |

17. Las palabras útiles. Los adverbios. Unidad 1

¿Dónde?	どこに？	doko ni ?
aquí (adv)	ここで	kokode
allí (adv)	そこで	sokode

| en alguna parte | どこかで | doko ka de |
| en ninguna parte | どこにも | doko ni mo |

| junto a ... | 近くで | chikaku de |
| junto a la ventana | 窓辺に | mado beni |

¿A dónde?	どちらへ？	dochira he ?
aquí (venga ~)	こちらへ	kochira he
allí (vendré ~)	そこへ	soko he
de aquí (adv)	ここから	koko kara

de allí (adv)	そこから	soko kara
cerca (no lejos)	そばに	soba ni
lejos (adv)	遠くに	tōku ni

cerca de ...	近く	chikaku
al lado (de ...)	近くに	chikaku ni
no lejos (adv)	遠くない	tōku nai

izquierdo (adj)	左の	hidari no
a la izquierda (situado ~)	左に	hidari ni
a la izquierda (girar ~)	左へ	hidari he

derecho (adj)	右の	migi no
a la derecha (situado ~)	右に	migi ni
a la derecha (girar)	右へ	migi he

delante (yo voy ~)	前に	mae ni
delantero (adj)	前の	mae no
adelante (movimiento)	前方へ	zenpō he

detrás de ...	後ろに	ushiro ni
desde atrás	後ろから	ushiro kara
atrás (da un paso ~)	後ろへ	ushiro he

| centro (m), medio (m) | 中央 | chūō |
| en medio (adv) | 中央に | chūō ni |

de lado (adv)	側面から	sokumen kara
en todas partes	どこでも	doko demo
alrededor (adv)	…の周りを	... no mawari wo

de dentro (adv)	中から	naka kara
a alguna parte	どこかへ	dokoka he
todo derecho (adv)	真っ直ぐに	massugu ni
atrás (muévelo para ~)	戻って	modotte

| de alguna parte (adv) | どこからでも | doko kara demo |
| no se sabe de dónde | どこからか | doko kara ka |

primero (adv)	第一に	dai ichi ni
segundo (adv)	第二に	dai ni ni
tercero (adv)	第三に	dai san ni

de súbito (adv)	急に	kyū ni
al principio (adv)	初めは	hajime wa
por primera vez	初めて	hajimete
mucho tiempo antes ...	…かなり前に	... kanari mae ni
de nuevo (adv)	新たに	arata ni
para siempre (adv)	永遠に	eien ni

jamás, nunca (adv)	一度も	ichi do mo
de nuevo (adv)	再び	futatabi
ahora (adv)	今	ima
frecuentemente (adv)	よく	yoku
entonces (adv)	あのとき	ano toki
urgentemente (adv)	至急に	shikyū ni

usualmente (adv)	普通は	futsū wa
a propósito, ...	ところで、…	tokorode, ...
es probable	可能な	kanō na
probablemente (adv)	恐らく［おそらく］	osoraku
tal vez	ことによると	kotoni yoru to
además ...	それに	soreni
por eso ...	従って	shitagatte
a pesar de ...	…にもかかわらず	... ni mo kakawara zu
gracias a ...	…のおかげで	... no okage de
qué (pron)	何	nani
que (conj)	…ということ	... toyuu koto
algo (~ le ha pasado)	何か	nani ka
algo (~ así)	何か	nani ka
nada (f)	何もない	nani mo nai
quien	誰	dare
alguien (viene ~)	ある人	aru hito
alguien (¿ha llamado ~?)	誰か	dare ka
nadie	誰も…ない	dare mo ... nai
a ninguna parte	どこへも	doko he mo
de nadie	誰の…でもない	dare no ... de mo nai
de alguien	誰かの	dare ka no
tan, tanto (adv)	とても	totemo
también (~ habla francés)	また	mata
también (p.ej. Yo ~)	も	mo

18. Las palabras útiles. Los adverbios. Unidad 2

¿Por qué?	どうして？	dōshite ?
no se sabe porqué	なぜか［何故か］	naze ka
porque ...	なぜなら	nazenara
por cualquier razón (adv)	何らかの理由で	nanrakano riyū de
y (p.ej. uno y medio)	と	to
o (p.ej. té o café)	または	matawa
pero (p.ej. me gusta, ~)	でも	demo
para (p.ej. es para ti)	…のために	... no tame ni
demasiado (adv)	…すぎる	... sugiru
sólo, solamente (adv)	もっぱら	moppara
exactamente (adv)	正確に	seikaku ni
unos ...,	約	yaku
cerca de ... (~ 10 kg)		
aproximadamente	おおよそ	ōyoso
aproximado (adj)	おおよその	ōyosono
casi (adv)	ほとんど	hotondo
resto (m)	残り	nokori
el otro (adj)	もう一方の	mōippōno
otro (p.ej. el otro día)	他の	hokano

cada (adj)	各	kaku
cualquier (adj)	どれでも	dore demo
mucho (innum.)	多量の	taryō no
mucho (num.)	多くの	ōku no
muchos (mucha gente)	多くの人々	ōku no hitobito
todos	あらゆる人	arayuru hito
a cambio de …	…の返礼として	… no henrei toshite
en cambio (adv)	引き換えに	hikikae ni
a mano (hecho ~)	手で	te de
poco probable	ほとんど…ない	hotondo … nai
probablemente	恐らく［おそらく］	osoraku
a propósito (adv)	わざと	wazato
por accidente (adv)	偶然に	gūzen ni
muy (adv)	非常に	hijō ni
por ejemplo (adv)	例えば	tatoeba
entre (~ nosotros)	間	kan
entre (~ otras cosas)	…の間で	… no made
tanto (~ gente)	たくさん	takusan
especialmente (adv)	特に	tokuni

Conceptos básicos. Unidad 2

19. Los días de la semana

lunes (m)	月曜日	getsuyōbi
martes (m)	火曜日	kayōbi
miércoles (m)	水曜日	suiyōbi
jueves (m)	木曜日	mokuyōbi
viernes (m)	金曜日	kinyōbi
sábado (m)	土曜日	doyōbi
domingo (m)	日曜日	nichiyōbi
hoy (adv)	今日	kyō
mañana (adv)	明日	ashita
pasado mañana	明後日 ［あさって］	asatte
ayer (adv)	昨日	kinō
anteayer (adv)	一昨日 ［おととい］	ototoi
día (m)	日	nichi
día (m) de trabajo	営業日	eigyōbi
día (m) de fiesta	公休	kōkyū
día (m) de descanso	休み	yasumi
fin (m) de semana	週末	shūmatsu
todo el día	一日中	ichi nichi chū
al día siguiente	翌日	yokujitsu
dos días atrás	2日前に	futsu ka mae ni
en vísperas (adv)	その前日に	sono zenjitsu ni
diario (adj)	毎日の	mainichi no
cada día (adv)	毎日	mainichi
semana (f)	週	shū
semana (f) pasada	先週	senshū
semana (f) que viene	来週	raishū
semanal (adj)	毎週の	maishū no
cada semana (adv)	毎週	maishū
2 veces por semana	週に2回	shūni nikai
todos los martes	毎週火曜日	maishū kayōbi

20. Las horas. El día y la noche

mañana (f)	朝	asa
por la mañana	朝に	asa ni
mediodía (m)	正午	shōgo
por la tarde	午後に	gogo ni
noche (f)	夕方	yūgata
por la noche	夕方に	yūgata ni

noche (f) (p.ej. 2:00 a.m.)	夜	yoru
por la noche	夜に	yoru ni
medianoche (f)	真夜中	mayonaka
segundo (m)	秒	byō
minuto (m)	分	fun, pun
hora (f)	時間	jikan
media hora (f)	３０分	san jū fun
cuarto (m) de hora	１５分	jū go fun
quince minutos	１５分	jū go fun
veinticuatro horas	一昼夜	icchūya
salida (f) del sol	日の出	hinode
amanecer (m)	夜明け	yoake
madrugada (f)	早朝	sōchō
puesta (f) del sol	夕日	yūhi
de madrugada	早朝に	sōchō ni
esta mañana	今朝	kesa
mañana por la mañana	明日の朝	ashita no asa
esta tarde	今日の午後	kyō no gogo
por la tarde	午後	gogo
mañana por la tarde	明日の午後	ashita no gogo
esta noche (p.ej. 8:00 p.m.)	今夜	konya
mañana por la noche	明日の夜	ashita no yoru
a las tres en punto	３時ちょうどに	sanji chōdo ni
a eso de las cuatro	４時頃	yoji goro
para las doce	１２時までに	jūniji made ni
dentro de veinte minutos	２０分後	nijuppungo
dentro de una hora	一時間後	ichi jikan go
a tiempo (adv)	予定通りに	yotei dōri ni
… menos cuarto	…時１５分	… ji jyūgo fun
durante una hora	１時間で	ichi jikan de
cada quince minutos	１５分ごとに	jyūgo fun goto ni
día y noche	昼も夜も	hiru mo yoru mo

21. Los meses. Las estaciones

enero (m)	一月	ichigatsu
febrero (m)	二月	nigatsu
marzo (m)	三月	sangatsu
abril (m)	四月	shigatsu
mayo (m)	五月	gogatsu
junio (m)	六月	rokugatsu
julio (m)	七月	shichigatsu
agosto (m)	八月	hachigatsu
septiembre (m)	九月	kugatsu
octubre (m)	十月	jūgatsu

noviembre (m)	十一月	jūichigatsu
diciembre (m)	十二月	jūnigatsu
primavera (f)	春	haru
en primavera	春に	haru ni
de primavera (adj)	春の	haru no
verano (m)	夏	natsu
en verano	夏に	natsu ni
de verano (adj)	夏の	natsu no
otoño (m)	秋	aki
en otoño	秋に	aki ni
de otoño (adj)	秋の	aki no
invierno (m)	冬	fuyu
en invierno	冬に	fuyu ni
de invierno (adj)	冬の	fuyu no
mes (m)	月	tsuki
este mes	今月	kongetsu
al mes siguiente	来月	raigetsu
el mes pasado	先月	sengetsu
hace un mes	一ヶ月前	ichi kagetsu mae
dentro de un mes	一ヶ月後	ichi kagetsu go
dentro de dos meses	二ヶ月後	ni kagetsu go
todo el mes	丸一ヶ月	maru ichi kagetsu
todo un mes	一ヶ月間ずっと	ichi kagetsu kan zutto
mensual (adj)	月刊の	gekkan no
mensualmente (adv)	毎月	maitsuki
cada mes	月1回	tsuki ichi kai
dos veces por mes	月に2回	tsuki ni ni kai
año (m)	年	nen
este año	今年	kotoshi
el próximo año	来年	rainen
el año pasado	去年	kyonen
hace un año	一年前	ichi nen mae
dentro de un año	一年後	ichi nen go
dentro de dos años	二年後	ni nen go
todo el año	丸一年	maru ichi nen
todo un año	通年	tsūnen
cada año	毎年	maitoshi
anual (adj)	毎年の	maitoshi no
anualmente (adv)	年1回	toshi ichi kai
cuatro veces por año	年に4回	toshi ni yon kai
fecha (f) (la ~ de hoy es ...)	日付	hizuke
fecha (f) (~ de entrega)	年月日	nengappi
calendario (m)	カレンダー	karendā
medio año (m)	半年	hantoshi
seis meses	6ヶ月	roku kagetsu

| estación (f) | 季節 | kisetsu |
| siglo (m) | 世紀 | seiki |

22. Las unidades de medida

peso (m)	重さ	omo sa
longitud (f)	長さ	naga sa
anchura (f)	幅	haba
altura (f)	高さ	taka sa
profundidad (f)	深さ	fuka sa
volumen (m)	体積	taiseki
área (f)	面積	menseki

gramo (m)	グラム	guramu
miligramo (m)	ミリグラム	miriguramu
kilogramo (m)	キログラム	kiroguramu
tonelada (f)	トン	ton
libra (f)	ポンド	pondo
onza (f)	オンス	onsu

metro (m)	メートル	mētoru
milímetro (m)	ミリメートル	mirimētoru
centímetro (m)	センチメートル	senchimētoru
kilómetro (m)	キロメートル	kiromētoru
milla (f)	マイル	mairu

pulgada (f)	インチ	inchi
pie (m)	フィート	fīto
yarda (f)	ヤード	yādo

| metro (m) cuadrado | 平方メートル | heihō mētoru |
| hectárea (f) | ヘクタール | hekutāru |

litro (m)	リットル	rittoru
grado (m)	度	do
voltio (m)	ボルト	boruto
amperio (m)	アンペア	anpea
caballo (m) de fuerza	馬力	bariki

cantidad (f)	数量	sūryō
un poco de …	少し	sukoshi
mitad (f)	半分	hanbun

| docena (f) | ダース | dāsu |
| pieza (f) | 一個 | ikko |

| dimensión (f) | 大きさ | ōki sa |
| escala (f) (del mapa) | 縮尺 | shukushaku |

mínimo (adj)	極小の	kyokushō no
el más pequeño (adj)	最小の	saishō no
medio (adj)	中位の	chūi no
máximo (adj)	極大の	kyokudai no
el más grande (adj)	最大の	saidai no

23. Contenedores

tarro (m) de vidrio	ジャー、瓶	jā, bin
lata (f) de hojalata	缶	kan
cubo (m)	バケツ	baketsu
barril (m)	樽	taru
palangana (f)	たらい [盥]	tarai
tanque (m)	タンク	tanku
petaca (f) (de alcohol)	スキットル	sukittoru
bidón (m) de gasolina	ジェリカン	jerikan
cisterna (f)	積荷タンク	tsumini tanku
taza (f) (mug de cerámica)	マグカップ	magukappu
taza (f) (~ de café)	カップ	kappu
platillo (m)	ソーサー	sōsā
vaso (m) (~ de agua)	ガラスのコップ	garasu no koppu
copa (f) (~ de vino)	ワイングラス	wain gurasu
olla (f)	両手鍋	ryō tenabe
botella (f)	ボトル	botoru
cuello (m) de botella	ネック	nekku
garrafa (f)	デキャンター	dekyanta
jarro (m) (~ de agua)	水差し	mizusashi
recipiente (m)	器	utsuwa
tarro (m)	鉢	hachi
florero (m)	花瓶	kabin
frasco (m) (~ de perfume)	瓶	bin
frasquito (m)	バイアル	bai aru
tubo (m)	チューブ	chūbu
saco (m) (~ de azúcar)	南京袋	nankinbukuro
bolsa (f) (~ plástica)	袋	fukuro
paquete (m) (~ de cigarrillos)	箱	hako
caja (f)	箱	hako
cajón (m) (~ de madera)	木箱	ki bako
cesta (f)	かご [籠]	kago

EL SER HUMANO

El ser humano. El cuerpo

24. La cabeza

cabeza (f)	頭	atama
cara (f)	顔	kao
nariz (f)	鼻	hana
boca (f)	口	kuchi
ojo (m)	眼	me
ojos (m pl)	両眼	ryōgan
pupila (f)	瞳	hitomi
ceja (f)	眉	mayu
pestaña (f)	まつげ	matsuge
párpado (m)	まぶた	mabuta
lengua (f)	舌	shita
diente (m)	歯	ha
labios (m pl)	唇	kuchibiru
pómulos (m pl)	頬骨	hōbone
encía (f)	歯茎	haguki
paladar (m)	口蓋	kōgai
ventanas (f pl)	鼻孔	bikō
mentón (m)	あご（頤）	ago
mandíbula (f)	顎	ago
mejilla (f)	頬	hō
frente (f)	額	hitai
sien (f)	こめかみ	komekami
oreja (f)	耳	mimi
nuca (f)	後頭部	kōtōbu
cuello (m)	首	kubi
garganta (f)	喉	nodo
pelo, cabello (m)	髪の毛	kaminoke
peinado (m)	髪形	kamigata
corte (m) de pelo	髪型	kamigata
peluca (f)	かつら	katsura
bigote (m)	口ひげ	kuchihige
barba (f)	あごひげ	agohige
tener (~ la barba)	生やしている	hayashi te iru
trenza (f)	三つ編み	mitsu ami
patillas (f pl)	もみあげ	momiage
pelirrojo (adj)	赤毛の	akage no
gris, canoso (adj)	白髪の	hakuhatsu no

| calvo (adj) | はげ頭の | hageatama no |
| calva (f) | はげた部分 | hage ta bubun |

| cola (f) de caballo | ポニーテール | ponītēru |
| flequillo (m) | 前髪 | maegami |

25. El cuerpo

| mano (f) | 手 | te |
| brazo (m) | 腕 | ude |

dedo (m)	指	yubi
dedo (m) del pie	つま先	tsumasaki
dedo (m) pulgar	親指	oyayubi
dedo (m) meñique	小指	koyubi
uña (f)	爪	tsume

puño (m)	拳	kobushi
palma (f)	手のひら	tenohira
muñeca (f)	手首	tekubi
antebrazo (m)	前腕	zen wan
codo (m)	肘	hiji
hombro (m)	肩	kata

pierna (f)	足 [脚]	ashi
planta (f)	足	ashi
rodilla (f)	膝	hiza
pantorrilla (f)	ふくらはぎ	fuku ra hagi
cadera (f)	腰	koshi
talón (m)	かかと [踵]	kakato

cuerpo (m)	身体	shintai
vientre (m)	腹	hara
pecho (m)	胸	mune
seno (m)	乳房	chibusa
lado (m), costado (m)	脇腹	wakibara
espalda (f)	背中	senaka
zona (f) lumbar	腰背部	yōwa ibu
cintura (f), talle (m)	腰	koshi

ombligo (m)	へそ [臍]	heso
nalgas (f pl)	臀部	denbu
trasero (m)	尻	shiri

lunar (m)	美人ぼくろ	bijinbokuro
marca (f) de nacimiento	母斑	bohan
tatuaje (m)	タトゥー	tatū
cicatriz (f)	傷跡	kizuato

La ropa y los accesorios

26. La ropa exterior. Los abrigos

ropa (f), vestido (m)	洋服	yōfuku
ropa (f) de calle	上着	uwagi
ropa (f) de invierno	冬服	fuyu fuku
abrigo (m)	オーバーコート	ōbā kōto
abrigo (m) de piel	毛皮のコート	kegawa no kōto
abrigo (m) corto de piel	毛皮のジャケット	kegawa no jaketto
plumón (m)	ダウンコート	daun kōto
cazadora (f)	ジャケット	jaketto
impermeable (m)	レインコート	reinkōto
impermeable (adj)	防水の	bōsui no

27. Men's & women's clothing

camisa (f)	ワイシャツ	waishatsu
pantalones (m pl)	ズボン	zubon
jeans, vaqueros (m pl)	ジーンズ	jīnzu
chaqueta (f), saco (m)	ジャケット	jaketto
traje (m)	背広	sebiro
vestido (m)	ドレス	doresu
falda (f)	スカート	sukāto
blusa (f)	ブラウス	burausu
rebeca (f), chaqueta (f) de punto	ニットジャケット	nitto jaketto
chaqueta (f)	ジャケット	jaketto
camiseta (f) (T-shirt)	Tシャツ	tīshatsu
shorts (m pl)	半ズボン	han zubon
traje (m) deportivo	トラックスーツ	torakku sūtsu
bata (f) de baño	バスローブ	basurōbu
pijama (f)	パジャマ	pajama
jersey (m), suéter (m)	セーター	sētā
pulóver (m)	プルオーバー	puruōbā
chaleco (m)	ベスト	besuto
frac (m)	燕尾服	enbifuku
esmoquin (m)	タキシード	takishīdo
uniforme (m)	制服	seifuku
ropa (f) de trabajo	作業服	sagyō fuku
mono (m)	オーバーオール	ōbā ōru
bata (f) (p. ej. ~ blanca)	コート	kōto

28. La ropa. La ropa interior

ropa (f) interior	下着	shitagi
bóxer (m)	ボクサーパンツ	bokusā pantsu
bragas (f pl)	パンティー	pantī
camiseta (f) interior	タンクトップ	tanku toppu
calcetines (m pl)	靴下	kutsushita
camisón (m)	ネグリジェ	negurije
sostén (m)	ブラジャー	burajā
calcetines (m pl) altos	ニーソックス	nīsokkusu
pantimedias (f pl)	パンティストッキング	pantī sutokkingu
medias (f pl)	ストッキング	sutokkingu
traje (m) de baño	水着	mizugi

29. Gorras

gorro (m)	帽子	bōshi
sombrero (m) de fieltro	フェドーラ帽	fedōra bō
gorra (f) de béisbol	野球帽	yakyū bō
gorra (f) plana	ハンチング帽	hanchingu bō
boina (f)	ベレー帽	berē bō
capuchón (m)	フード	fūdo
panamá (m)	パナマ帽	panama bō
gorro (m) de punto	ニット帽	nitto bō
pañuelo (m)	ヘッドスカーフ	heddo sukāfu
sombrero (m) de mujer	婦人帽子	fujin bōshi
casco (m) (~ protector)	安全ヘルメット	anzen herumetto
gorro (m) de campaña	略帽	rya ku bō
casco (m) (~ de moto)	ヘルメット	herumetto
bombín (m)	山高帽	yamataka bō
sombrero (m) de copa	シルクハット	shiruku hatto

30. El calzado

calzado (m)	靴	kutsu
botas (f pl)	アンクルブーツ	ankuru būtsu
zapatos (m pl) (~ de tacón bajo)	パンプス	panpusu
botas (f pl) altas	ブーツ	būtsu
zapatillas (f pl)	スリッパ	surippa
tenis (m pl)	テニスシューズ	tenisu shūzu
zapatillas (f pl) de lona	スニーカー	sunīkā
sandalias (f pl)	サンダル	sandaru
zapatero (m)	靴修理屋	kutsu shūri ya
tacón (m)	かかと [踵]	kakato

par (m)	靴一足	kutsu issoku
cordón (m)	靴ひも	kutsu himo
encordonar (vt)	靴ひもを結ぶ	kutsu himo wo musubu
calzador (m)	靴べら	kutsubera
betún (m)	靴クリーム	kutsu kurīmu

31. Accesorios personales

guantes (m pl)	手袋	tebukuro
manoplas (f pl)	ミトン	miton
bufanda (f)	マフラー	mafurā

gafas (f pl)	めがね [眼鏡]	megane
montura (f)	めがねのふち	megane no fuchi
paraguas (m)	傘	kasa
bastón (m)	杖	tsue
cepillo (m) de pelo	ヘアブラシ	hea burashi
abanico (m)	扇子	sensu

corbata (f)	ネクタイ	nekutai
pajarita (f)	蝶ネクタイ	chō nekutai
tirantes (m pl)	サスペンダー	sasupendā
moquero (m)	ハンカチ	hankachi

peine (m)	くし [櫛]	kushi
pasador (m) de pelo	髪留め	kami tome
horquilla (f)	ヘアピン	hea pin
hebilla (f)	バックル	bakkuru

| cinturón (m) | ベルト | beruto |
| correa (f) (de bolso) | ショルダーベルト | shorudā beruto |

bolsa (f)	バッグ	baggu
bolso (m)	ハンドバッグ	hando baggu
mochila (f)	バックパック	bakku pakku

32. La ropa. Miscelánea

moda (f)	ファッション	fasshon
de moda (adj)	流行の	ryūkō no
diseñador (m) de moda	ファッションデザイナー	fasshon dezainā

cuello (m)	襟	eri
bolsillo (m)	ポケット	poketto
de bolsillo (adj)	ポケットの	poketto no
manga (f)	袖	sode
presilla (f)	ハンガーループ	hangā rūpu
bragueta (f)	ズボンのファスナー	zubon no fasunā

cremallera (f)	チャック	chakku
cierre (m)	ファスナー	fasunā
botón (m)	ボタン	botan

| ojal (m) | ボタンの穴 | botan no ana |
| saltar (un botón) | 取れる | toreru |

coser (vi, vt)	縫う	nū
bordar (vt)	刺繍する	shishū suru
bordado (m)	刺繍	shishū
aguja (f)	縫い針	nui bari
hilo (m)	糸	ito
costura (f)	縫い目	nuime

ensuciarse (vr)	汚れる	yogoreru
mancha (f)	染み	shimi
arrugarse (vr)	しわになる	shiwa ni naru
rasgar (vt)	引き裂く	hikisaku
polilla (f)	コイガ	koi ga

33. Productos personales. Cosméticos

pasta (f) de dientes	歯磨き粉	hamigakiko
cepillo (m) de dientes	歯ブラシ	haburashi
limpiarse los dientes	歯を磨く	ha wo migaku

maquinilla (f) de afeitar	カミソリ［剃刀］	kamisori
crema (f) de afeitar	シェービングクリーム	shēbingu kurīmu
afeitarse (vr)	ひげを剃る	hige wo soru

| jabón (m) | せっけん［石鹸］ | sekken |
| champú (m) | シャンプー | shanpū |

tijeras (f pl)	はさみ	hasami
lima (f) de uñas	爪やすり	tsume yasuri
cortaúñas (m pl)	爪切り	tsume giri
pinzas (f pl)	ピンセット	pinsetto

cosméticos (m pl)	化粧品	keshō hin
mascarilla (f)	フェイスパック	feisu pakku
manicura (f)	マニキュア	manikyua
hacer la manicura	マニキュアをしてもらう	manikyua wo shi te morau
pedicura (f)	ペディキュア	pedikyua

neceser (m) de maquillaje	化粧ポーチ	keshō pōchi
polvos (m pl)	フェイスパウダー	feisu pauda
polvera (f)	ファンデーション	fandēshon
colorete (m), rubor (m)	チーク	chīku

perfume (m)	香水	kōsui
agua (f) perfumada	オードトワレ	ōdotoware
loción (f)	ローション	rō shon
agua (f) de colonia	オーデコロン	ōdekoron

sombra (f) de ojos	アイシャドウ	aishadō
lápiz (m) de ojos	アイライナー	airainā
rímel (m)	マスカラ	masukara
pintalabios (m)	口紅	kuchibeni

esmalte (m) de uñas	ネイルポリッシュ	neiru porisshu
fijador (m) (para el pelo)	ヘアスプレー	hea supurē
desodorante (m)	デオドラント	deodoranto
crema (f)	クリーム	kurīmu
crema (f) de belleza	フェイスクリーム	feisu kurīmu
crema (f) de manos	ハンドクリーム	hando kurīmu
crema (f) antiarrugas	しわ取りクリーム	shiwa tori kurīmu
crema (f) de día	昼用クリーム	hiruyō kurīmu
crema (f) de noche	夜用クリーム	yoruyō kurīmu
de día (adj)	昼用…	hiruyō …
de noche (adj)	夜用…	yoruyō …
tampón (m)	タンポン	tanpon
papel (m) higiénico	トイレットペーパー	toiretto pēpā
secador (m) de pelo	ヘアドライヤー	hea doraiyā

34. Los relojes

reloj (m)	時計	tokei
esfera (f)	ダイヤル	daiyaru
aguja (f)	針	hari
pulsera (f)	金属ベルト	kinzoku beruto
correa (f) (del reloj)	腕時計バンド	udedokei bando
pila (f)	電池	denchi
descargarse (vr)	切れる	kireru
cambiar la pila	電池を交換する	denchi wo kōkan suru
adelantarse (vr)	進んでいる	susundeiru
retrasarse (vr)	遅れている	okureteiru
reloj (m) de pared	掛け時計	kakedokei
reloj (m) de arena	砂時計	sunadokei
reloj (m) de sol	日時計	hidokei
despertador (m)	目覚まし時計	mezamashi dokei
relojero (m)	時計職人	tokei shokunin
reparar (vt)	修理する	shūri suru

La comida y la nutrición

35. La comida

carne (f)	肉	niku
gallina (f)	鶏	niwatori
pollo (m)	若鶏	wakadori
pato (m)	ダック	dakku
ganso (m)	ガチョウ	gachō
caza (f) menor	獲物	emono
pava (f)	七面鳥	shichimenchuō
carne (f) de cerdo	豚肉	buta niku
carne (f) de ternera	子牛肉	kōshi niku
carne (f) de carnero	子羊肉	kohitsuji niku
carne (f) de vaca	牛肉	gyū niku
conejo (m)	兎肉	usagi niku
salchichón (m)	ソーセージ	sōsēji
salchicha (f)	ソーセージ	sōsēji
beicon (m)	ベーコン	bēkon
jamón (m)	ハム	hamu
jamón (m) fresco	ガモン	gamon
paté (m)	パテ	pate
hígado (m)	レバー	rebā
carne (f) picada	挽肉	hikiniku
lengua (f)	タン	tan
huevo (m)	卵	tamago
huevos (m pl)	卵	tamago
clara (f)	卵の白身	tamago no shiromi
yema (f)	卵の黄身	tamago no kimi
pescado (m)	魚	sakana
mariscos (m pl)	魚介	gyokai
caviar (m)	キャビア	kyabia
cangrejo (m) de mar	カニ [蟹]	kani
camarón (m)	エビ	ebi
ostra (f)	カキ [牡蠣]	kaki
langosta (f)	伊勢エビ	ise ebi
pulpo (m)	タコ	tako
calamar (m)	イカ	ika
esturión (m)	チョウザメ	chōzame
salmón (m)	サケ [鮭]	sake
fletán (m)	ハリバット	haribatto
bacalao (m)	タラ [鱈]	tara
caballa (f)	サバ [鯖]	saba

atún (m)	マグロ [鮪]	maguro
anguila (f)	ウナギ [鰻]	unagi
trucha (f)	マス [鱒]	masu
sardina (f)	イワシ	iwashi
lucio (m)	カワカマス	kawakamasu
arenque (m)	ニシン	nishin
pan (m)	パン	pan
queso (m)	チーズ	chīzu
azúcar (m)	砂糖	satō
sal (f)	塩	shio
arroz (m)	米	kome
macarrones (m pl)	パスタ	pasuta
tallarines (m pl)	麺	men
mantequilla (f)	バター	batā
aceite (m) vegetal	植物油	shokubutsu yu
aceite (m) de girasol	ひまわり油	himawari yu
margarina (f)	マーガリン	māgarin
olivas (f pl)	オリーブ	orību
aceite (m) de oliva	オリーブ油	orību yu
leche (f)	乳、ミルク	nyū, miruku
leche (f) condensada	練乳	rennyū
yogur (m)	ヨーグルト	yōguruto
nata (f) agria	サワークリーム	sawā kurīmu
nata (f) líquida	クリーム	kurīmu
mayonesa (f)	マヨネーズ	mayonēzu
crema (f) de mantequilla	バタークリーム	batā kurīmu
cereal molido grueso	穀物	kokumotsu
harina (f)	小麦粉	komugiko
conservas (f pl)	缶詰	kanzume
copos (m pl) de maíz	コーンフレーク	kōn furēku
miel (f)	蜂蜜	hachimitsu
confitura (f)	ジャム	jamu
chicle (m)	チューインガム	chūin gamu

36. Las bebidas

agua (f)	水	mizu
agua (f) potable	飲用水	inyō sui
agua (f) mineral	ミネラルウォーター	mineraru wōtā
sin gas	無炭酸の	mu tansan no
gaseoso (adj)	炭酸の	tansan no
con gas	発泡性の	happō sei no
hielo (m)	氷	kōri
con hielo	氷入りの	kōri iri no

sin alcohol	ノンアルコールの	non arukŌru no
bebida (f) sin alcohol	炭酸飲料	tansan inryō
refresco (m)	清涼飲料水	seiryōinryōsui
limonada (f)	レモネード	remonēdo

bebidas (f pl) alcohólicas	アルコール	arukōru
vino (m)	ワイン	wain
vino (m) blanco	白ワイン	shiro wain
vino (m) tinto	赤ワイン	aka wain

licor (m)	リキュール	rikyūru
champaña (f)	シャンパン	shanpan
vermú (m)	ベルモット	berumotto

whisky (m)	ウイスキー	uisukī
vodka (m)	ウォッカ	wokka
ginebra (f)	ジン	jin
coñac (m)	コニャック	konyakku
ron (m)	ラム酒	ramu shu

café (m)	コーヒー	kōhī
café (m) solo	ブラックコーヒー	burakku kōhī
café (m) con leche	ミルク入りコーヒー	miruku iri kōhī
capuchino (m)	カプチーノ	kapuchīno
café (m) soluble	インスタントコーヒー	insutanto kōhī

leche (f)	乳、ミルク	nyū, miruku
cóctel (m)	カクテル	kakuteru
batido (m)	ミルクセーキ	miruku sēki

zumo (m), jugo (m)	ジュース	jūsu
jugo (m) de tomate	トマトジュース	tomato jūsu
zumo (m) de naranja	オレンジジュース	orenji jūsu
zumo (m) fresco	搾りたてのジュース	shibori tate no jūsu

cerveza (f)	ビール	bīru
cerveza (f) rubia	ライトビール	raito bīru
cerveza (f) negra	黒ビール	kuro bīru

té (m)	茶	cha
té (m) negro	紅茶	kō cha
té (m) verde	緑茶	ryoku cha

37. Las verduras

| legumbres (f pl) | 野菜 | yasai |
| verduras (f pl) | 青物 | aomono |

tomate (m)	トマト	tomato
pepino (m)	きゅうり [胡瓜]	kyūri
zanahoria (f)	ニンジン [人参]	ninjin
patata (f)	ジャガイモ	jagaimo
cebolla (f)	たまねぎ [玉葱]	tamanegi
ajo (m)	ニンニク	ninniku

col (f)	キャベツ	kyabetsu
coliflor (f)	カリフラワー	karifurawā
col (f) de Bruselas	メキャベツ	mekyabetsu
brócoli (m)	ブロッコリー	burokkorī

remolacha (f)	テーブルビート	tēburu bīto
berenjena (f)	ナス	nasu
calabacín (m)	ズッキーニ	zukkīni
calabaza (f)	カボチャ	kabocha
nabo (m)	カブ	kabu

perejil (m)	パセリ	paseri
eneldo (m)	ディル	diru
lechuga (f)	レタス	retasu
apio (m)	セロリ	serori
espárrago (m)	アスパラガス	asuparagasu
espinaca (f)	ホウレンソウ	hōrensō

guisante (m)	エンドウ	endō
habas (f pl)	豆類	mamerui
maíz (m)	トウモロコシ	tōmorokoshi
fréjol (m)	金時豆	kintoki mame

pimentón (m)	コショウ	koshō
rábano (m)	ハツカダイコン	hatsukadaikon
alcachofa (f)	アーティチョーク	ātichōku

38. Las frutas. Las nueces

fruto (m)	果物	kudamono
manzana (f)	リンゴ	ringo
pera (f)	洋梨	yōnashi
limón (m)	レモン	remon
naranja (f)	オレンジ	orenji
fresa (f)	イチゴ（苺）	ichigo

mandarina (f)	マンダリン	mandarin
ciruela (f)	プラム	puramu
melocotón (m)	モモ［桃］	momo
albaricoque (m)	アンズ［杏子］	anzu
frambuesa (f)	ラズベリー（木苺）	razuberī
ananás (m)	パイナップル	painappuru

banana (f)	バナナ	banana
sandía (f)	スイカ	suika
uva (f)	ブドウ［葡萄］	budō
guinda (f), cereza (f)	チェリー	cherī
guinda (f)	サワー チェリー	sawā cherī
cereza (f)	スイート チェリー	suīto cherī
melón (m)	メロン	meron

pomelo (m)	グレープフルーツ	gurēbu furūtsu
aguacate (m)	アボカド	abokado
papaya (m)	パパイヤ	papaiya

mango (m)	マンゴー	mangō
granada (f)	ザクロ	zakuro
grosella (f) roja	フサスグリ	fusa suguri
grosella (f) negra	クロスグリ	kuro suguri
grosella (f) espinosa	セイヨウスグリ	seiyō suguri
arándano (m)	ビルベリー	biruberī
zarzamoras (f pl)	ブラックベリー	burakku berī
pasas (f pl)	レーズン	rēzun
higo (m)	イチジク	ichijiku
dátil (m)	デーツ	dētsu
cacahuete (m)	ピーナッツ	pīnattsu
almendra (f)	アーモンド	āmondo
nuez (f)	クルミ（胡桃）	kurumi
avellana (f)	ヘーゼルナッツ	hēzeru nattsu
nuez (f) de coco	ココナッツ	koko nattsu
pistachos (m pl)	ピスタチオ	pisutachio

39. El pan. Los dulces

pasteles (m pl)	菓子類	kashi rui
pan (m)	パン	pan
galletas (f pl)	クッキー	kukkī
chocolate (m)	チョコレート	chokorēto
de chocolate (adj)	チョコレートの	chokorēto no
caramelo (m)	キャンディー	kyandī
tarta (f) (pequeña)	ケーキ	kēki
tarta (f) (~ de cumpleaños)	ケーキ	kēki
pastel (m) (~ de manzana)	パイ	pai
relleno (m)	フィリング	firingu
confitura (f)	ジャム	jamu
mermelada (f)	マーマレード	māmarēdo
gofre (m)	ワッフル	waffuru
helado (m)	アイスクリーム	aisukurīmu
pudín (f)	プディング	pudingu

40. Los platos al horno

plato (m)	料理	ryōri
cocina (f)	料理	ryōri
receta (f)	レシピ	reshipi
porción (f)	一人前	ichi ninmae
ensalada (f)	サラダ	sarada
sopa (f)	スープ	sūpu
caldo (m)	ブイヨン	buiyon
bocadillo (m)	サンドイッチ	sandoicchi

huevos (m pl) fritos	目玉焼き	medamayaki
hamburguesa (f)	ハンバーガー	hanbāgā
bistec (m)	ビーフステーキ	bīfusutēki
guarnición (f)	付け合わせ	tsukeawase
espagueti (m)	スパゲッティ	supagetti
puré (m) de patatas	マッシュポテト	masshupoteto
pizza (f)	ピザ	piza
gachas (f pl)	ポリッジ	porijji
tortilla (f) francesa	オムレツ	omuretsu
cocido en agua (adj)	煮た	ni ta
ahumado (adj)	薫製の	kunsei no
frito (adj)	揚げた	age ta
seco (adj)	干した	hoshi ta
congelado (adj)	冷凍の	reitō no
marinado (adj)	酢漬けの	suzuke no
azucarado (adj)	甘い	amai
salado (adj)	塩味の	shioaji no
frío (adj)	冷たい	tsumetai
caliente (adj)	熱い	atsui
amargo (adj)	苦い	nigai
sabroso (adj)	美味しい	oishī
cocer en agua	水で煮る	mizu de niru
preparar (la cena)	料理をする	ryōri wo suru
freír (vt)	揚げる	ageru
calentar (vt)	温める	atatameru
salar (vt)	塩をかける	shio wo kakeru
poner pimienta	コショウをかける	koshō wo kakeru
rallar (vt)	すりおろす	suri orosu
piel (f)	皮	kawa
pelar (vt)	皮をむく	kawa wo muku

41. Las especias

sal (f)	塩	shio
salado (adj)	塩味の	shioaji no
salar (vt)	塩をかける	shio wo kakeru
pimienta (f) negra	黒コショウ	kuro koshō
pimienta (f) roja	赤唐辛子	aka tōgarashi
mostaza (f)	マスタード	masutādo
rábano (m) picante	セイヨウワサビ	seiyō wasabi
condimento (m)	調味料	chōmiryō
especia (f)	香辛料	kōshinryō
salsa (f)	ソース	sōsu
vinagre (m)	酢、ビネガー	su, binegā
anís (m)	アニス	anisu
albahaca (f)	バジル	bajiru

clavo (m)	クローブ	kurōbu
jengibre (m)	生姜、ジンジャー	shōga, jinjā
cilantro (m)	コリアンダー	koriandā
canela (f)	シナモン	shinamon
sésamo (m)	ゴマ［胡麻］	goma
hoja (f) de laurel	ローリエ	rōrie
paprika (f)	パプリカ	papurika
comino (m)	キャラウェイ	kyarawei
azafrán (m)	サフラン	safuran

42. Las comidas

comida (f)	食べ物	tabemono
comer (vi, vt)	食べる	taberu
desayuno (m)	朝食	chōshoku
desayunar (vi)	朝食をとる	chōshoku wo toru
almuerzo (m)	昼食	chūshoku
almorzar (vi)	昼食をとる	chūshoku wo toru
cena (f)	夕食	yūshoku
cenar (vi)	夕食をとる	yūshoku wo toru
apetito (m)	食欲	shokuyoku
¡Que aproveche!	どうぞお召し上がり下さい！	dōzo o meshiagarikudasai!
abrir (vt)	開ける	akeru
derramar (líquido)	こぼす	kobosu
derramarse (líquido)	こぼれる	koboreru
hervir (vi)	沸く	waku
hervir (vt)	沸かす	wakasu
hervido (agua ~a)	沸騰させた	futtō sase ta
enfriar (vt)	冷やす	hiyasu
enfriarse (vr)	冷える	hieru
sabor (m)	味	aji
regusto (m)	後味	atoaji
adelgazar (vi)	ダイエットをする	daietto wo suru
dieta (f)	ダイエット	daietto
vitamina (f)	ビタミン	bitamin
caloría (f)	カロリー	karorī
vegetariano (m)	ベジタリアン	bejitarian
vegetariano (adj)	ベジタリアン用の	bejitarian yōno
grasas (f pl)	脂肪	shibō
proteínas (f pl)	タンパク質［蛋白質］	tanpaku shitsu
carbohidratos (m pl)	炭水化物	tansuikabutsu
loncha (f)	スライス	suraisu
pedazo (m)	一切れ	ichi kire
miga (f)	くず	kuzu

43. Los cubiertos

cuchara (f)	スプーン	supūn
cuchillo (m)	ナイフ	naifu
tenedor (m)	フォーク	fōku
taza (f)	カップ	kappu
plato (m)	皿	sara
platillo (m)	ソーサー	sōsā
servilleta (f)	ナフキン	nafukin
mondadientes (m)	つまようじ［爪楊枝］	tsumayōji

44. El restaurante

restaurante (m)	レストラン	resutoran
cafetería (f)	喫茶店	kissaten
bar (m)	バブ、バー	pabu, bā
salón (m) de té	喫茶店	kissaten
camarero (m)	ウェイター	weitā
camarera (f)	ウェートレス	wētoresu
barman (m)	バーテンダー	bātendā
carta (f), menú (m)	メニュー	menyū
carta (f) de vinos	ワインリスト	wain risuto
reservar una mesa	テーブルを予約する	tēburu wo yoyaku suru
plato (m)	料理	ryōri
pedir (vt)	注文する	chūmon suru
hacer el pedido	注文する	chūmon suru
aperitivo (m)	アペリティフ	aperitifu
entremés (m)	前菜	zensai
postre (m)	デザート	dezāto
cuenta (f)	お勘定	okanjō
pagar la cuenta	勘定を払う	kanjō wo harau
dar la vuelta	釣り銭を渡す	tsurisen wo watasu
propina (f)	チップ	chippu

La familia nuclear, los parientes y los amigos

45. La información personal. Los formularios

nombre (m)	名前	namae
apellido (m)	姓	sei
fecha (f) de nacimiento	誕生日	tanjō bi
lugar (m) de nacimiento	出生地	shusseichi
nacionalidad (f)	国籍	kokuseki
domicilio (m)	住所	jūsho
país (m)	国	kuni
profesión (f)	職業	shokugyō
sexo (m)	性	sei
estatura (f)	身長	shinchō
peso (m)	体重	taijū

46. Los familiares. Los parientes

madre (f)	母親	hahaoya
padre (m)	父親	chichioya
hijo (m)	息子	musuko
hija (f)	娘	musume
hija (f) menor	下の娘	shitano musume
hijo (m) menor	下の息子	shitano musuko
hija (f) mayor	長女	chōjo
hijo (m) mayor	長男	chōnan
hermano (m)	兄、弟、兄弟	ani, otōto, kyoōdai
hermano (m) mayor	兄	ani
hermano (m) menor	弟	otōto
hermana (f)	姉、妹、姉妹	ane, imōto, shimai
hermana (f) mayor	姉	ane
hermana (f) menor	妹	imōto
primo (m)	従兄弟	itoko
prima (f)	従姉妹	itoko
mamá (f)	お母さん	okāsan
papá (m)	お父さん	otōsan
padres (m pl)	親	oya
niño -a (m, f)	子供	kodomo
niños (m pl)	子供	kodomo
abuela (f)	祖母	sobo
abuelo (m)	祖父	sofu
nieto (m)	孫息子	mago musuko

nieta (f)	孫娘	mago musume
nietos (m pl)	孫	mago
tío (m)	伯父	oji
tía (f)	伯母	oba
sobrino (m)	甥	oi
sobrina (f)	姪	mei
suegra (f)	妻の母親	tsuma no hahaoya
suegro (m)	義父	gifu
yerno (m)	娘の夫	musume no otto
madrastra (f)	継母	keibo
padrastro (m)	継父	keifu
niño (m) de pecho	乳児	nyūji
bebé (m)	赤ん坊	akanbō
chico (m)	子供	kodomo
mujer (f)	妻	tsuma
marido (m)	夫	otto
esposo (m)	配偶者	haigū sha
esposa (f)	配偶者	haigū sha
casado (adj)	既婚の	kikon no
casada (adj)	既婚の	kikon no
soltero (adj)	独身の	dokushin no
soltero (m)	独身男性	dokushin dansei
divorciado (adj)	離婚した	rikon shi ta
viuda (f)	未亡人	mibōjin
viudo (m)	男やもめ	otokoyamome
pariente (m)	親戚	shinseki
pariente (m) cercano	近い親戚	chikai shinseki
pariente (m) lejano	遠い親戚	tōi shinseki
parientes (m pl)	親族	shinzoku
huérfano (m), huérfana (f)	孤児	koji
tutor (m)	後見人	kōkennin
adoptar (un niño)	養子にする	yōshi ni suru
adoptar (una niña)	養女にする	yōjo ni suru

La medicina

47. Las enfermedades

enfermedad (f)	病気	byōki
estar enfermo	病気になる	byōki ni naru
salud (f)	健康	kenkō
resfriado (m) (coriza)	鼻水	hanamizu
angina (f)	狭心症	kyōshinshō
resfriado (m)	風邪	kaze
resfriarse (vr)	風邪をひく	kaze wo hiku
bronquitis (f)	気管支炎	kikanshien
pulmonía (f)	肺炎	haien
gripe (f)	インフルエンザ	infuruenza
miope (adj)	近視の	kinshi no
présbita (adj)	遠視の	enshi no
estrabismo (m)	斜視	shashi
estrábico (m) (adj)	斜視の	shashi no
catarata (f)	白内障	hakunaishō
glaucoma (f)	緑内障	ryokunaishō
insulto (m)	脳卒中	nōsocchū
ataque (m) cardiaco	心臓発作	shinzō hossa
infarto (m) de miocardio	心筋梗塞	shinkinkōsoku
parálisis (f)	まひ［麻痺］	mahi
paralizar (vt)	まひさせる	mahi saseru
alergia (f)	アレルギー	arerugī
asma (f)	ぜんそく［喘息］	zensoku
diabetes (m)	糖尿病	tōnyō byō
dolor (m) de muelas	歯痛	shitsū
caries (f)	カリエス	kariesu
diarrea (f)	下痢	geri
estreñimiento (m)	便秘	benpi
molestia (f) estomacal	胃のむかつき	i no mukatsuki
envenenamiento (m)	食中毒	shokuchūdoku
envenenarse (vr)	食中毒にかかる	shokuchūdoku ni kakaru
artritis (f)	関節炎	kansetsu en
raquitismo (m)	くる病	kuru yamai
reumatismo (m)	リューマチ	ryūmachi
ateroesclerosis (f)	アテローム性動脈硬化	ate rōmu sei dōmyaku kōka
gastritis (f)	胃炎	ien
apendicitis (f)	虫垂炎	chūsuien

colecistitis (m)	胆嚢炎	tannō en
úlcera (f)	潰瘍	kaiyō
sarampión (m)	麻疹	hashika
rubeola (f)	風疹	fūshin
ictericia (f)	黄疸	ōdan
hepatitis (f)	肝炎	kanen
esquizofrenia (f)	統合失調症	tōgō shicchō shō
rabia (f) (hidrofobia)	恐水病	kyōsuibyō
neurosis (f)	神経症	shinkeishō
conmoción (m) cerebral	脳震とう（脳震盪）	nōshintō
cáncer (m)	がん［癌］	gan
esclerosis (f)	硬化症	kōka shō
esclerosis (m) múltiple	多発性硬化症	tahatsu sei kōka shō
alcoholismo (m)	アルコール依存症	arukōru izon shō
alcohólico (m)	アルコール依存症患者	arukōru izon shō kanja
sífilis (f)	梅毒	baidoku
SIDA (f)	エイズ	eizu
tumor (m)	腫瘍	shuyō
maligno (adj)	悪性の	akusei no
benigno (adj)	良性の	ryōsei no
fiebre (f)	発熱	hatsunetsu
malaria (f)	マラリア	mararia
gangrena (f)	壊疽	eso
mareo (m)	船酔い	fune yoi
epilepsia (f)	てんかん［癲癇］	tenkan
epidemia (f)	伝染病	densen byō
tifus (m)	チフス	chifusu
tuberculosis (f)	結核	kekkaku
cólera (f)	コレラ	korera
peste (f)	ペスト	pesuto

48. Los síntomas. Los tratamientos. Unidad 1

síntoma (m)	兆候	chōkō
temperatura (f)	体温	taion
fiebre (f)	熱	netsu
pulso (m)	脈拍	myakuhaku
mareo (m) (vértigo)	目まい［眩暈］	memai
caliente (adj)	熱い	atsui
escalofrío (m)	震え	furue
pálido (adj)	青白い	aojiroi
tos (f)	咳	seki
toser (vi)	咳をする	seki wo suru
estornudar (vi)	くしゃみをする	kushami wo suru
desmayo (m)	気絶	kizetsu

desmayarse (vr)	気絶する	kizetsu suru
moradura (f)	打ち身	uchimi
chichón (m)	たんこぶ	tankobu
golpearse (vr)	あざができる	aza ga dekiru
magulladura (f)	打撲傷	dabokushō
magullarse (vr)	打撲する	daboku suru

cojear (vi)	足を引きずる	ashi wo hikizuru
dislocación (f)	脱臼	dakkyū
dislocar (vt)	脱臼する	dakkyū suru
fractura (f)	骨折	kossetsu
tener una fractura	骨折する	kossetsu suru

corte (m) (tajo)	切り傷	kirikizu
cortarse (vr)	切り傷を負う	kirikizu wo ō
hemorragia (f)	出血	shukketsu

| quemadura (f) | 火傷 | yakedo |
| quemarse (vr) | 火傷する | yakedo suru |

pincharse (el dedo)	刺す	sasu
pincharse (vr)	自分を刺す	jibun wo sasu
herir (vt)	けがする	kega suru
herida (f)	けが [怪我]	kega
lesión (f) (herida)	負傷	fushō
trauma (m)	外傷	gaishō

delirar (vi)	熱に浮かされる	netsu ni ukasareru
tartamudear (vi)	どもる	domoru
insolación (f)	日射病	nisshabyō

49. Los síntomas. Los tratamientos. Unidad 2

| dolor (m) | 痛み | itami |
| astilla (f) | とげ [棘] | toge |

sudor (m)	汗	ase
sudar (vi)	汗をかく	ase wo kaku
vómito (m)	嘔吐	ōto
convulsiones (f)	けいれん [痙攣]	keiren

embarazada (adj)	妊娠している	ninshin shi te iru
nacer (vi)	生まれる	umareru
parto (m)	分娩	bumben
dar a luz	分娩する	bumben suru
aborto (m)	妊娠中絶	ninshin chūzetsu

respiración (f)	呼吸	kokyū
inspiración (f)	息を吸うこと	iki wo sū koto
espiración (f)	息を吐くこと	iki wo haku koto
espirar (vi)	息を吐く	iki wo haku
inspirar (vi)	息を吸う	iki wo sū
inválido (m)	障害者	shōgai sha
mutilado (m)	身障者	shinshōsha

drogadicto (m)	麻薬中毒者	mayaku chūdoku sha
sordo (adj)	ろうの [聾の]	rō no
mudo (adj)	口のきけない	kuchi no kike nai
sordomudo (adj)	ろうあの [聾唖の]	rōa no
loco (adj)	狂気の	kyōki no
loco (m)	狂人	kyōjin
loca (f)	狂女	kyōjo
volverse loco	気が狂う	ki ga kurū
gen (m)	遺伝子	idenshi
inmunidad (f)	免疫	meneki
hereditario (adj)	遺伝性の	iden sei no
de nacimiento (adj)	先天性の	senten sei no
virus (m)	ウィルス	wirusu
microbio (m)	細菌	saikin
bacteria (f)	バクテリア	bakuteria
infección (f)	伝染	densen

50. Los síntomas. Los tratamientos. Unidad 3

hospital (m)	病院	byōin
paciente (m)	患者	kanja
diagnosis (f)	診断	shindan
cura (f)	療養	ryōyō
tratamiento (m)	治療	chiryō
curarse (vr)	治療を受ける	chiryō wo ukeru
tratar (vt)	治療する	chiryō suru
cuidar (a un enfermo)	看護する	kango suru
cuidados (m pl)	看護	kango
operación (f)	手術	shujutsu
vendar (vt)	包帯をする	hōtai wo suru
vendaje (m)	包帯を巻くこと	hōtai wo maku koto
vacunación (f)	予防接種	yobō sesshu
vacunar (vt)	予防接種をする	yobō sesshu wo suru
inyección (f)	注射	chūsha
aplicar una inyección	注射する	chūsha suru
ataque (m)	発作	hossa
amputación (f)	切断手術	setsudan shujutsu
amputar (vt)	切断する	setsudan suru
coma (m)	昏睡	konsui
estar en coma	昏睡状態になる	konsui jōtai ni naru
revitalización (f)	集中治療	shūchū chiryō
recuperarse (vr)	回復する	kaifuku suru
estado (m) (de salud)	体調	taichō
consciencia (f)	意識	ishiki
memoria (f)	記憶	kioku
extraer (un diente)	抜く	nuku

| empaste (m) | 詰め物 | tsume mono |
| empastar (vt) | 詰め物をする | tsume mono wo suru |

| hipnosis (f) | 催眠術 | saimin jutsu |
| hipnotizar (vt) | 催眠術をかける | saimin jutsu wo kakeru |

51. Los médicos

médico (m)	医者	isha
enfermera (f)	看護師	kangoshi
médico (m) personal	町医者	machīsha

dentista (m)	歯科医	shikai
oftalmólogo (m)	眼科医	gankai
internista (m)	内科医	naikai
cirujano (m)	外科医	gekai

psiquiatra (m)	精神科医	seishin kai
pediatra (m)	小児科医	shōnikai
psicólogo (m)	心理学者	shinri gakusha
ginecólogo (m)	婦人科医	fujin kai
cardiólogo (m)	心臓内科医	shinzō naikai

52. La medicina. Las drogas. Los accesorios

medicamento (m), droga (f)	薬	kusuri
remedio (m)	治療薬	chiryō yaku
prescribir (vt)	処方する	shohō suru
receta (f)	処方	shohō

tableta (f)	錠剤	jōzai
ungüento (m)	軟膏	nankō
ampolla (f)	アンプル	anpuru
mixtura (f), mezcla (f)	調合薬	chōgō yaku
sirope (m)	シロップ	shiroppu
píldora (f)	丸剤	gan zai
polvo (m)	粉薬	konagusuri

venda (f)	包帯	hōtai
algodón (m) (discos de ~)	脱脂綿	dasshimen
yodo (m)	ヨード	yōdo

tirita (f), curita (f)	ばんそうこう [絆創膏]	bansōkō
pipeta (f)	アイドロッパー	aidoroppā
termómetro (m)	体温計	taionkei
jeringa (f)	注射器	chūsha ki

| silla (f) de ruedas | 車椅子 | kurumaisu |
| muletas (f pl) | 松葉杖 | matsubazue |

| anestésico (m) | 痛み止め | itami tome |
| purgante (m) | 下剤 | gezai |

alcohol (m)	エタノール	etanoru
hierba (f) medicinal	薬草	yakusō
de hierbas (té ~)	薬草の	yakusō no

EL AMBIENTE HUMANO

La ciudad

53. La ciudad. La vida en la ciudad

ciudad (f)	市、町	shi, machi
capital (f)	首都	shuto
aldea (f)	村	mura
plano (m) de la ciudad	市街地図	shigai chizu
centro (m) de la ciudad	中心街	chūshin gai
suburbio (m)	郊外	kōgai
suburbano (adj)	郊外の	kōgai no
arrabal (m)	町外れ	machihazure
afueras (f pl)	近郊	kinkō
barrio (m)	街区	gaiku
zona (f) de viviendas	住宅街	jūtaku gai
tráfico (m)	交通	kōtsū
semáforo (m)	信号	shingō
transporte (m) urbano	公共交通機関	kōkyō kōtsū kikan
cruce (m)	交差点	kōsaten
paso (m) de peatones	横断歩道	ōdan hodō
paso (m) subterráneo	地下道	chikadō
cruzar (vt)	横断する	ōdan suru
peatón (m)	歩行者	hokō sha
acera (f)	歩道	hodō
puente (m)	橋	hashi
muelle (m)	堤防	teibō
fuente (f)	噴水	funsui
alameda (f)	散歩道	sanpomichi
parque (m)	公園	kōen
bulevar (m)	大通り	ōdōri
plaza (f)	広場	hiroba
avenida (f)	アヴェニュー	avenyū
calle (f)	通り	tōri
callejón (m)	わき道［脇道］	wakimichi
callejón (m) sin salida	行き止まり	ikidomari
casa (f)	家屋	kaoku
edificio (m)	建物	tatemono
rascacielos (m)	摩天楼	matenrō
fachada (f)	ファサード	fasādo
techo (m)	屋根	yane

ventana (f)	窓	mado
arco (m)	アーチ	āchi
columna (f)	柱	hashira
esquina (f)	角	kado
escaparate (f)	ショーウインドー	shōuindō
letrero (m) (~ luminoso)	店看板	mise kanban
cartel (m)	ポスター	posutā
cartel (m) publicitario	広告ポスター	kōkoku posutā
valla (f) publicitaria	広告掲示板	kōkoku keijiban
basura (f)	ゴミ［ごみ］	gomi
cajón (m) de basura	ゴミ入れ	gomi ire
tirar basura	ゴミを投げ捨てる	gomi wo nagesuteru
basurero (m)	ゴミ捨て場	gomi suteba
cabina (f) telefónica	電話ボックス	denwa bokkusu
farola (f)	街灯柱	gaitō bashira
banco (m) (del parque)	ベンチ	benchi
policía (m)	警官	keikan
policía (f) (~ nacional)	警察	keisatsu
mendigo (m)	こじき	kojiki
persona (f) sin hogar	ホームレス	hōmuresu

54. Las instituciones urbanas

tienda (f)	店、…屋	mise, …ya
farmacia (f)	薬局	yakkyoku
óptica (f)	眼鏡店	megane ten
centro (m) comercial	ショッピングモール	shoppingu mōru
supermercado (m)	スーパーマーケット	sūpāmāketto
panadería (f)	パン屋	panya
panadero (m)	パン職人	pan shokunin
pastelería (f)	菓子店	kashi ten
tienda (f) de comestibles	食料品店	shokuryō hin ten
carnicería (f)	肉屋	nikuya
verdulería (f)	八百屋	yaoya
mercado (m)	市場	ichiba
cafetería (f)	喫茶店	kissaten
restaurante (m)	レストラン	resutoran
cervecería (f)	パブ	pabu
pizzería (f)	ピザ屋	piza ya
peluquería (f)	美容院	biyō in
oficina (f) de correos	郵便局	yūbin kyoku
tintorería (f)	クリーニング屋	kurīningu ya
estudio (m) fotográfico	写真館	shashin kan
zapatería (f)	靴屋	kutsuya
librería (f)	本屋	honya

tienda (f) deportiva	スポーツ店	supōtsu ten
arreglos (m pl) de ropa	洋服直し専門店	yōfuku naoshi senmon ten
alquiler (m) de ropa	貸衣裳店	kashi ishō ten
videoclub (m)	レンタルビデオ店	rentarubideo ten
circo (m)	サーカス	sākasu
zoo (m)	動物園	dōbutsu en
cine (m)	映画館	eiga kan
museo (m)	博物館	hakubutsukan
biblioteca (f)	図書館	toshokan
teatro (m)	劇場	gekijō
ópera (f)	オペラハウス	opera hausu
club (m) nocturno	ナイトクラブ	naito kurabu
casino (m)	カジノ	kajino
mezquita (f)	モスク	mosuku
sinagoga (f)	シナゴーグ	shinagōgu
catedral (f)	大聖堂	dai seidō
templo (m)	寺院	jīn
iglesia (f)	教会	kyōkai
instituto (m)	大学	daigaku
universidad (f)	大学	daigaku
escuela (f)	学校	gakkō
prefectura (f)	県庁舎	ken chōsha
alcaldía (f)	市役所	shiyaku sho
hotel (m)	ホテル	hoteru
banco (m)	銀行	ginkō
embajada (f)	大使館	taishikan
agencia (f) de viajes	旅行代理店	ryokō dairi ten
oficina (f) de información	案内所	annai sho
oficina (f) de cambio	両替所	ryōgae sho
metro (m)	地下鉄	chikatetsu
hospital (m)	病院	byōin
gasolinera (f)	ガソリンスタンド	gasorin sutando
aparcamiento (m)	駐車場	chūsha jō

55. Los avisos

letrero (m) (~ luminoso)	店看板	mise kanban
cartel (m) (texto escrito)	看板	kanban
pancarta (f)	ポスター	posutā
signo (m) de dirección	方向看板	hōkō kanban
flecha (f) (signo)	矢印	yajirushi
advertencia (f)	注意	chūi
aviso (m)	警告表示	keikoku hyōji
advertir (vt)	警告する	keikoku suru
día (m) de descanso	定休日	teikyū bi

| horario (m) | 営業時間の看板 | eigyō jikan no kanban |
| horario (m) de apertura | 営業時間 | eigyō jikan |

¡BIENVENIDOS!	ようこそ	yōkoso
ENTRADA	入口	iriguchi
SALIDA	出口	deguchi

EMPUJAR	押す	osu
TIRAR	引く	hiku
ABIERTO	営業中	eigyō chū
CERRADO	休業日	kyūgyōbi

| MUJERES | 女性 | josei |
| HOMBRES | 男性 | dansei |

REBAJAS	割引	waribiki
SALDOS	バーゲンセール	bāgen sēru
NOVEDAD	新発売！	shin hatsubai!
GRATIS	無料	muryō

¡ATENCIÓN!	ご注意！	go chūi!
COMPLETO	満室	manshitsu
RESERVADO	御予約席	go yoyaku seki

| ADMINISTRACIÓN | 支配人 | shihainin |
| SÓLO PERSONAL AUTORIZADO | 関係者以外立入禁止 | kankei sha igai tachīrikinshi |

CUIDADO CON EL PERRO	猛犬注意	mōken chūi
PROHIBIDO FUMAR	禁煙	kinen
NO TOCAR	手を触れるな	te wo fureru na

PELIGROSO	危険	kiken
PELIGRO	危険	kiken
ALTA TENSIÓN	高電圧	kō denatsu
PROHIBIDO BAÑARSE	水泳禁止	suiei kinshi
NO FUNCIONA	故障中	koshō chū

INFLAMABLE	可燃性物質	kanen sei busshitsu
PROHIBIDO	禁止	kinshi
PROHIBIDO EL PASO	通り抜け禁止	tōrinuke kinshi
RECIÉN PINTADO	ペンキ塗りたて	penki nuritate

56. El transporte urbano

autobús (m)	バス	basu
tranvía (m)	路面電車	romen densha
trolebús (m)	トロリーバス	tororībasu
itinerario (m)	路線	rosen
número (m)	番号	bangō

ir en …	…で行く	… de iku
tomar (~ el autobús)	乗る	noru
bajar (~ del tren)	降りる	oriru

parada (f)	停	toma
próxima parada (f)	次の停車駅	tsugi no teishaeki
parada (f) final	終着駅	shūchakueki
horario (m)	時刻表	jikoku hyō
esperar (aguardar)	待つ	matsu

| billete (m) | 乗車券 | jōsha ken |
| precio (m) del billete | 運賃 | unchin |

cajero (m)	販売員	hanbai in
control (m) de billetes	集札	shū satsu
cobrador (m)	車掌	shashō

llegar tarde (vi)	遅れる	okureru
perder (~ el tren)	逃す	nogasu
tener prisa	急ぐ	isogu

taxi (m)	タクシー	takushī
taxista (m)	タクシーの運転手	takushī no unten shu
en taxi	タクシーで	takushī de
parada (f) de taxi	タクシー乗り場	takushī noriba
llamar un taxi	タクシーを呼ぶ	takushī wo yobu
tomar un taxi	タクシーに乗る	takushī ni noru

tráfico (m)	交通	kōtsū
atasco (m)	渋滞	jūtai
horas (f pl) de punta	ラッシュアワー	rasshuawā
aparcar (vi)	駐車する	chūsha suru
aparcar (vt)	駐車する	chūsha suru
aparcamiento (m)	駐車場	chūsha jō

metro (m)	地下鉄	chikatetsu
estación (f)	駅	eki
ir en el metro	地下鉄で行く	chikatetsu de iku
tren (m)	列車	ressha
estación (f)	鉄道駅	tetsudō eki

57. La exploración del paisaje

monumento (m)	記念碑	kinen hi
fortaleza (f)	要塞	yōsai
palacio (m)	宮殿	kyūden
castillo (m)	城	shiro
torre (f)	塔	tō
mausoleo (m)	マウソレウム	mausoreumu

arquitectura (f)	建築	kenchiku
medieval (adj)	中世の	chūsei no
antiguo (adj)	古代の	kodai no
nacional (adj)	国の	kuni no
conocido (adj)	有名な	yūmei na

| turista (m) | 観光客 | kankō kyaku |
| guía (m) (persona) | ガイド | gaido |

excursión (f)	小旅行	shō ryokō
mostrar (vt)	案内する	annai suru
contar (una historia)	話をする	hanashi wo suru

encontrar (hallar)	見つける	mitsukeru
perderse (vr)	道に迷う	michi ni mayō
plano (m) (~ de metro)	地図	chizu
mapa (m) (~ de la ciudad)	地図	chizu

recuerdo (m)	土産	miyage
tienda (f) de regalos	土産品店	miyage hin ten
hacer fotos	写真に撮る	shashin ni toru
fotografiarse (vr)	写真を撮られる	shashin wo torareru

58. Las compras

comprar (vt)	買う	kau
compra (f)	買い物	kaimono
hacer compras	買い物に行く	kaimono ni iku
compras (f pl)	ショッピング	shoppingu

| estar abierto (tienda) | 開いている | hiraite iru |
| estar cerrado | 閉まっている | shimatte iru |

calzado (m)	履物	hakimono
ropa (f), vestido (m)	洋服	yōfuku
cosméticos (m pl)	化粧品	keshō hin
productos alimenticios	食料品	shokuryō hin
regalo (m)	土産	miyage

| vendedor (m) | 店員、売り子 | tenin, uriko |
| vendedora (f) | 店員、売り子 | tenin, uriko |

caja (f)	レジ	reji
espejo (m)	鏡	kagami
mostrador (m)	カウンター	kauntā
probador (m)	試着室	shichaku shitsu

probar (un vestido)	試着する	shichaku suru
quedar (una ropa, etc.)	合う	au
gustar (vi)	好む	konomu

precio (m)	価格	kakaku
etiqueta (f) de precio	値札	nefuda
costar (vt)	かかる	kakaru
¿Cuánto?	いくら？	ikura ?
descuento (m)	割引	waribiki

no costoso (adj)	安価な	anka na
barato (adj)	安い	yasui
caro (adj)	高い	takai
Es caro	それは高い	sore wa takai
alquiler (m)	レンタル	rentaru
alquilar (vt)	レンタルする	rentaru suru

crédito (m)	信用取引	shinyō torihiki
a crédito (adv)	付けで	tsuke de

59. El dinero

dinero (m)	お金	okane
cambio (m)	両替	ryōgae
curso (m)	為替レート	kawase rēto
cajero (m) automático	ＡＴＭ	ētīemu
moneda (f)	コイン	koin
dólar (m)	ドル	doru
euro (m)	ユーロ	yūro
lira (f)	リラ	rira
marco (m) alemán	ドイツマルク	doitsu maruku
franco (m)	フラン	furan
libra esterlina (f)	スターリング・ポンド	sutāringu pondo
yen (m)	円	en
deuda (f)	債務	saimu
deudor (m)	債務者	saimu sha
prestar (vt)	貸す	kasu
tomar prestado	借りる	kariru
banco (m)	銀行	ginkō
cuenta (f)	口座	kōza
ingresar (~ en la cuenta)	預金する	yokin suru
ingresar en la cuenta	口座に預金する	kōza ni yokin suru
sacar de la cuenta	引き出す	hikidasu
tarjeta (f) de crédito	クレジットカード	kurejitto kādo
dinero (m) en efectivo	現金	genkin
cheque (m)	小切手	kogitte
sacar un cheque	小切手を書く	kogitte wo kaku
talonario (m)	小切手帳	kogitte chō
cartera (f)	財布	saifu
monedero (m)	小銭入れ	kozeni ire
caja (f) fuerte	金庫	kinko
heredero (m)	相続人	sōzokunin
herencia (f)	相続	sōzoku
fortuna (f)	財産	zaisan
arriendo (m)	賃貸	chintai
alquiler (m) (dinero)	家賃	yachin
alquilar (~ una casa)	借りる	kariru
precio (m)	価格	kakaku
coste (m)	費用	hiyō
suma (f)	合計金額	gōkei kingaku
gastar (vt)	お金を使う	okane wo tsukau
gastos (m pl)	出費	shuppi

economizar (vi, vt)	倹約する	kenyaku suru
económico (adj)	節約の	setsuyaku no
pagar (vi, vt)	払う	harau
pago (m)	支払い	shiharai
cambio (m) (devolver el ~)	おつり	o tsuri
impuesto (m)	税	zei
multa (f)	罰金	bakkin
multar (vt)	罰金を科す	bakkin wo kasu

60. La oficina de correos

oficina (f) de correos	郵便局	yūbin kyoku
correo (m) (cartas, etc.)	郵便物	yūbin butsu
cartero (m)	郵便配達人	yūbin haitatsu jin
horario (m) de apertura	営業時間	eigyō jikan
carta (f)	手紙	tegami
carta (f) certificada	書留郵便	kakitome yūbin
tarjeta (f) postal	はがき［葉書］	hagaki
telegrama (m)	電報	denpō
paquete (m) postal	小包	kozutsumi
giro (m) postal	送金	sōkin
recibir (vt)	受け取る	uketoru
enviar (vt)	送る	okuru
envío (m)	送信	sōshin
dirección (f)	住所	jūsho
código (m) postal	郵便番号	yūbin bangō
expedidor (m)	送り主	okurinushi
destinatario (m)	受取人	uketorinin
nombre (m)	名前	namae
apellido (m)	姓	sei
tarifa (f)	郵便料金	yūbin ryōkin
ordinario (adj)	通常の	tsūjō no
económico (adj)	エコノミー航空	ekonomīkōkū
peso (m)	重さ	omo sa
pesar (~ una carta)	量る	hakaru
sobre (m)	封筒	fūtō
sello (m)	郵便切手	yūbin kitte
poner un sello	封筒に切手を貼る	fūtō ni kitte wo haru

La vivienda. La casa. El hogar

61. La casa. La electricidad

electricidad (f)	電気	denki
bombilla (f)	電球	denkyū
interruptor (m)	スイッチ	suicchi
fusible (m)	ヒューズ	hyūzu
hilo (m) (~ eléctrico)	電線、ケーブル	densen, kēburu
instalación (f) eléctrica	電気配線	denki haisen
contador (m) de luz	電気メーター	denki mētā
lectura (f) (~ del contador)	検針値	kenshin chi

62. La villa. La mansión

casa (f) de campo	田舎の邸宅	inaka no teitaku
villa (f)	別荘	bessō
ala (f)	翼棟	yokutō
jardín (m)	庭	niwa
parque (m)	庭園	teien
invernadero (m) tropical	温室	onshitsu
cuidar (~ el jardín, etc.)	手入れをする	teire wo suru
piscina (f)	プール	pūru
gimnasio (m)	ジム	jimu
cancha (f) de tenis	テニスコート	tenisu kōto
sala (f) de cine	ホームシアター	hōmu shiatā
garaje (m)	車庫	shako
propiedad (f) privada	私有地	shiyūchi
terreno (m) privado	民有地	minyū chi
advertencia (f)	警告	keikoku
letrero (m) de aviso	警告表示	keikoku hyōji
seguridad (f)	警備	keibi
guardia (m) de seguridad	警備員	keibi in
alarma (f) antirrobo	強盗警報機	gōtō keihō ki

63. El apartamento

apartamento (m)	アパート	apāto
habitación (f)	部屋	heya
dormitorio (m)	寝室	shinshitsu

comedor (m)	食堂	shokudō
salón (m)	居間	ima
despacho (m)	書斎	shosai

antecámara (f)	玄関	genkan
cuarto (m) de baño	浴室	yokushitsu
servicio (m)	トイレ	toire

techo (m)	天井	tenjō
suelo (m)	床	yuka
rincón (m)	隅	sumi

64. Los muebles. El interior

muebles (m pl)	家具	kagu
mesa (f)	テーブル	tēburu
silla (f)	椅子	isu
cama (f)	ベッド	beddo

| sofá (m) | ソファ | sofa |
| sillón (m) | 肘掛け椅子 | hijikake isu |

| librería (f) | 書棚 | shodana |
| estante (m) | 棚 | tana |

armario (m)	ワードローブ	wādo rōbu
percha (f)	ウォールハンガー	wōru hangā
perchero (m) de pie	コートスタンド	kōto sutando

| cómoda (f) | チェスト | chesuto |
| mesa (f) de café | コーヒーテーブル | kōhī tēburu |

espejo (m)	鏡	kagami
tapiz (m)	カーペット	kāpetto
alfombra (f)	マット	matto

chimenea (f)	暖炉	danro
candela (f)	ろうそく	rōsoku
candelero (m)	ろうそく立て	rōsoku date

cortinas (f pl)	カーテン	kāten
empapelado (m)	壁紙	kabegami
estor (m) de láminas	ブラインド	buraindo

| lámpara (f) de mesa | テーブルランプ | tēburu ranpu |
| candil (m) | ウォールランプ | wōru ranpu |

| lámpara (f) de pie | フロアスタンド | furoa sutando |
| lámpara (f) de araña | シャンデリア | shanderia |

pata (f) (~ de la mesa)	脚	ashi
brazo (m)	肘掛け	hijikake
espaldar (m)	背もたれ	semotare
cajón (m)	引き出し	hikidashi

65. Los accesorios de la cama

ropa (f) de cama	寝具	shingu
almohada (f)	枕	makura
funda (f)	枕カバー	makura kabā
manta (f)	毛布	mōfu
sábana (f)	シーツ	shītsu
sobrecama (f)	ベッドカバー	beddo kabā

66. La cocina

cocina (f)	台所	daidokoro
gas (m)	ガス	gasu
cocina (f) de gas	ガスコンロ	gasu konro
cocina (f) eléctrica	電気コンロ	denki konro
horno (m)	オーブン	ōbun
horno (m) microondas	電子レンジ	denshi renji
frigorífico (m)	冷蔵庫	reizōko
congelador (m)	冷凍庫	reitōko
lavavajillas (m)	食器洗い機	shokkiarai ki
picadora (f) de carne	肉挽き器	niku hiki ki
exprimidor (m)	ジューサー	jūsā
tostador (m)	トースター	tōsutā
batidora (f)	ハンドミキサー	hando mikisā
cafetera (f) (aparato de cocina)	コーヒーメーカー	kōhī mēkā
cafetera (f) (para servir)	コーヒーポット	kōhī potto
molinillo (m) de café	コーヒーグラインダー	kōhī guraindā
hervidor (m) de agua	やかん	yakan
tetera (f)	急須	kyūsu
tapa (f)	蓋 [ふた]	futa
colador (m) de té	茶漉し	chakoshi
cuchara (f)	さじ [匙]	saji
cucharilla (f)	茶さじ	cha saji
cuchara (f) de sopa	大さじ [大匙]	ōsaji
tenedor (m)	フォーク	fōku
cuchillo (m)	ナイフ	naifu
vajilla (f)	食器	shokki
plato (m)	皿	sara
platillo (m)	ソーサー	sōsā
vaso (m) de chupito	ショットグラス	shotto gurasu
vaso (m) (~ de agua)	コップ	koppu
taza (f)	カップ	kappu
azucarera (f)	砂糖入れ	satō ire
salero (m)	塩入れ	shio ire
pimentero (m)	胡椒入れ	koshō ire

mantequera (f)	バター皿	batā zara
cacerola (f)	両手鍋	ryō tenabe
sartén (f)	フライパン	furaipan
cucharón (m)	おたま	o tama
colador (m)	水切りボール	mizukiri bōru
bandeja (f)	配膳盆	haizen bon
botella (f)	ボトル	botoru
tarro (m) de vidrio	ジャー、瓶	jā, bin
lata (f) de hojalata	缶	kan
abrebotellas (m)	栓抜き	sen nuki
abrelatas (m)	缶切り	kankiri
sacacorchos (m)	コルク抜き	koruku nuki
filtro (m)	フィルター	firutā
filtrar (vt)	フィルターにかける	firutā ni kakeru
basura (f)	ゴミ［ごみ］	gomi
cubo (m) de basura	ゴミ箱	gomibako

67. El baño

cuarto (m) de baño	浴室	yokushitsu
agua (f)	水	mizu
grifo (m)	蛇口	jaguchi
agua (f) caliente	温水	onsui
agua (f) fría	冷水	reisui
pasta (f) de dientes	歯磨き粉	hamigakiko
limpiarse los dientes	歯を磨く	ha wo migaku
cepillo (m) de dientes	歯ブラシ	haburashi
afeitarse (vr)	ひげを剃る	hige wo soru
espuma (f) de afeitar	シェービングフォーム	shēbingu fōmu
maquinilla (f) de afeitar	剃刀	kamisori
lavar (vt)	洗う	arau
darse un baño	風呂に入る	furo ni hairu
ducha (f)	シャワー	shawā
darse una ducha	シャワーを浴びる	shawā wo abiru
baño (m)	浴槽	yokusō
inodoro (m)	トイレ、便器	toire, benki
lavabo (m)	洗面台	senmen dai
jabón (m)	石鹸	sekken
jabonera (f)	石鹸皿	sekken zara
esponja (f)	スポンジ	suponji
champú (m)	シャンプー	shanpū
toalla (f)	タオル	taoru
bata (f) de baño	バスローブ	basurōbu
colada (f), lavado (m)	洗濯	sentaku
lavadora (f)	洗濯機	sentaku ki

lavar la ropa	洗濯する	sentaku suru
detergente (m) en polvo	洗剤	senzai

68. Los aparatos domésticos

televisor (m)	テレビ	terebi
magnetófono (m)	テープレコーダー	tēpurekōdā
vídeo (m)	ビデオ	bideo
radio (f)	ラジオ	rajio
reproductor (m) (~ MP3)	プレーヤー	purēyā
proyector (m) de vídeo	ビデオプロジェクター	bideo purojekutā
sistema (m) home cinema	ホームシアター	hōmu shiatā
reproductor (m) de DVD	DVDプレーヤー	dībuidī purēyā
amplificador (m)	アンプ	anpu
videoconsola (f)	ゲーム機	gēmu ki
cámara (f) de vídeo	ビデオカメラ	bideo kamera
cámara (f) fotográfica	カメラ	kamera
cámara (f) digital	デジタルカメラ	dejitaru kamera
aspirador (m)	掃除機	sōji ki
plancha (f)	アイロン	airon
tabla (f) de planchar	アイロン台	airondai
teléfono (m)	電話	denwa
teléfono (m) móvil	携帯電話	keitai denwa
máquina (f) de escribir	タイプライター	taipuraitā
máquina (f) de coser	ミシン	mishin
micrófono (m)	マイクロフォン	maikurofon
auriculares (m pl)	ヘッドホン	heddohon
mando (m) a distancia	リモコン	rimokon
CD (m)	CD（シーディー）	shīdī
casete (m)	カセットテープ	kasettotēpu
disco (m) de vinilo	レコード	rekōdo

LAS ACTIVIDADES DE LA GENTE

El trabajo. Los negocios. Unidad 1

69. La oficina. El trabajo de oficina

oficina (f)	オフィス	ofisu
despacho (m)	室	shitsu
recepción (f)	受付	uketsuke
secretario (m)	秘書	hisho
secretaria (f)	秘書	hisho
director (m)	責任者	sekinin sha
manager (m)	マネージャー	manējā
contable (m)	会計士	kaikeishi
colaborador (m)	社員	shain
muebles (m pl)	家具	kagu
escritorio (m)	デスク	desuku
silla (f)	ワーキングチェア	wākingu chea
cajonera (f)	キャビネット	kyabinetto
perchero (m) de pie	コートスタンド	kōto sutando
ordenador (m)	コンピューター	konpyūtā
impresora (f)	プリンター	purintā
fax (m)	ファックス	fakkusu
fotocopiadora (f)	コピー機	kopī ki
papel (m)	用紙	yōshi
papelería (f)	事務用品	jimu yōhin
alfombrilla (f) para ratón	マウスパッド	mausu paddo
hoja (f) de papel	一枚の紙	ichimai no kami
carpeta (f)	バインダー	baindā
catálogo (m)	カタログ	katarogu
directorio (m) telefónico	電話帳	denwa chō
documentación (f)	付随資料	fuzui shiryō
folleto (m)	パンフレット	panfuretto
prospecto (m)	チラシ	chirashi
muestra (f)	見本	mihon
reunión (f) de formación	研修	kenshū
reunión (f)	会議	kaigi
pausa (f) de almuerzo	昼食時間	chūshoku jikan
hacer una copia	コピーする	kopī suru
hacer copias	複数部コピーする	fukusū bu kopī suru
recibir un fax	ファックスを受け取る	fakkusu wo uketoru
enviar un fax	ファクスを送る	fakusu wo okuru

llamar por teléfono	電話する	denwa suru
responder (vi, vt)	出る	deru
poner en comunicación	電話をつなぐ	denwa wo tsunagu

fijar (~ una reunión)	段取りをつける	dandori wo tsukeru
demostrar (vt)	デモをする	demo wo suru
estar ausente	欠席する	kesseki suru
ausencia (f)	欠席	kesseki

70. Los métodos de los negocios. Unidad 1

negocio (m), comercio (m)	商売	shōbai
ocupación (f)	職業	shokugyō
firma (f)	会社	kaisha
compañía (f)	会社	kaisha
corporación (f)	法人	hōjin
empresa (f)	企業	kigyō
agencia (f)	代理店	dairi ten

acuerdo (m)	合意書	gōi sho
contrato (m)	契約	keiyaku
trato (m), acuerdo (m)	取引	torihiki
pedido (m)	注文	chūmon
condición (f) del contrato	条件	jōken

al por mayor (adv)	卸売で	oroshiuri de
al por mayor (adj)	卸売の	oroshiuri no
venta (f) al por mayor	卸売り	oroshiuri
al por menor (adj)	小売の	kōri no
venta (f) al por menor	小売り	kōri

competidor (m)	競争相手	kyōsō aite
competencia (f)	競争	kyōsō
competir (vi)	競争する	kyōsō suru

| socio (m) | パートナー | pātonā |
| sociedad (f) | 協力関係 | kyōryoku kankei |

crisis (m)	危機	kiki
bancarrota (f)	破産	hasan
ir a la bancarrota	破産する	hasan suru
dificultad (f)	困難	konnan
problema (m)	問題	mondai
catástrofe (f)	大失敗	dai shippai

economía (f)	景気	keiki
económico (adj)	景気の	keiki no
recesión (f) económica	景気後退	keiki kōtai

| meta (f) | 目標 | mokuhyō |
| objetivo (m) | 任務 | ninmu |

| comerciar (vi) | 商売をする | shōbai wo suru |
| red (f) (~ comercial) | 網 | mō |

existencias (f pl)	在庫	zaiko
surtido (m)	仕分け	shiwake
líder (m)	トップ企業	toppu kigyō
grande (empresa ~)	大手の	ōte no
monopolio (m)	独占	dokusen
teoría (f)	理論	riron
práctica (f)	実務	jitsumu
experiencia (f)	経験	keiken
tendencia (f)	傾向	keikō
desarrollo (m)	発展	hatten

71. Los métodos de los negocios. Unidad 2

rentabilidad (f)	利益	rieki
rentable (adj)	利益のある	rieki no aru
delegación (f)	代表団	daihyō dan
salario (m)	給料	kyūryō
corregir (un error)	直す	naosu
viaje (m) de negocios	出張	shucchō
comisión (f)	歩合	buai
controlar (vt)	支配する	shihai suru
conferencia (f)	会議	kaigi
licencia (f)	免許	menkyo
fiable (socio ~)	信頼できる	shinrai dekiru
iniciativa (f)	開始	kaishi
norma (f)	標準	hyōjun
circunstancia (f)	状況	jōkyō
deber (m)	職務	shokumu
empresa (f)	組織	soshiki
organización (f) (proceso)	主催	shusai
organizado (adj)	主催された	shusai sare ta
anulación (f)	取り消し	torikeshi
anular (vt)	取り消す	torikesu
informe (m)	報告	hōkoku
patente (m)	特許	tokkyo
patentar (vt)	特許を取る	tokkyo wo toru
planear (vt)	計画する	keikaku suru
premio (m)	ボーナス	bōnasu
profesional (adj)	専門的な	senmon teki na
procedimiento (m)	手順	tejun
examinar (vt)	調べ上げる	shirabe ageru
cálculo (m)	計算	keisan
reputación (f)	評判	hyōban
riesgo (m)	リスク	risuku
dirigir (administrar)	管理する	kanri suru

información (f)	情報	jōhō
propiedad (f)	財産	zaisan
unión (f)	連合	rengō
seguro (m) de vida	生命保険	seimei hoken
asegurar (vt)	保険をかける	hoken wo kakeru
seguro (m)	保険	hoken
subasta (f)	競売	kyōbai
notificar (informar)	通知する	tsūchi suru
gestión (f)	マネージメント	manējimento
servicio (m)	サービス	sābisu
foro (m)	公開討論会	kōkai tōron kai
funcionar (vi)	機能する	kinō suru
etapa (f)	段階	dankai
jurídico (servicios ~s)	法律の	hōritsu no
jurista (m)	弁護士	bengoshi

72. La producción. Los trabajos

planta (f)	工場	kōba
fábrica (f)	製造所	seizō sho
taller (m)	作業場	sagyōba
planta (f) de producción	生産現場	seisan genba
industria (f)	産業	sangyō
industrial (adj)	産業の	sangyō no
industria (f) pesada	重工業	jūkōgyō
industria (f) ligera	軽工業	keikōgyō
producción (f)	生産物	seisan butsu
producir (vt)	製造する	seisan suru
materias (f pl) primas	原料	genryō
jefe (m) de brigada	職長	shokuchō
brigada (f)	作業チーム	sagyō chīmu
obrero (m)	作業員	sagyō in
día (m) de trabajo	営業日	eigyōbi
descanso (m)	休憩	kyūkei
reunión (f)	会議	kaigi
discutir (vt)	討議する	tōgi suru
plan (m)	計画	keikaku
cumplir el plan	計画を実行する	keikaku wo jikkō suru
tasa (f) de producción	生産率	seisan ritsu
calidad (f)	質	shitsu
revisión (f)	検査	kensa
control (m) de calidad	品質管理	hinshitsu kanri
seguridad (f) de trabajo	労働安全	rōdō anzen
disciplina (f)	規律	kiritsu
infracción (f)	違反	ihan

violar (las reglas)	違反する	ihan suru
huelga (f)	ストライキ	sutoraiki
huelguista (m)	ストライキをする人	sutoraiki wo suru hito
estar en huelga	ストライキをする	sutoraiki wo suru
sindicato (m)	労働組合	rōdō kumiai
inventar (máquina, etc.)	発明する	hatsumei suru
invención (f)	発明	hatsumei
investigación (f)	研究	kenkyū
mejorar (vt)	改善する	kaizen suru
tecnología (f)	技術	gijutsu
dibujo (m) técnico	製図	seizu
cargamento (m)	積み荷	tsumini
cargador (m)	荷役作業員	niyakusa gyōin
cargar (camión, etc.)	積む	tsumu
carga (f) (proceso)	荷役	niyaku
descargar (vt)	下ろす	orosu
descarga (f)	荷下ろし［荷卸し］	ni oroshi
transporte (m)	輸送	yusō
compañía (f) de transporte	輸送会社	yusō gaisha
transportar (vt)	輸送する	yusō suru
vagón (m)	貨車	kasha
cisterna (f)	タンク	tanku
camión (m)	トラック	torakku
máquina (f) herramienta	工作機械	kōsaku kikai
mecanismo (m)	機械	kikai
desperdicios (m pl)	産業廃棄物	sangyō haiki butsu
empaquetado (m)	包装	hōsō
embalar (vt)	梱包する	konpō suru

73. El contrato. El acuerdo

contrato (m)	契約	keiyaku
acuerdo (m)	合意書	gōi sho
anexo (m)	補遺	hoi
firmar un contrato	契約書に署名する	keiyaku sho ni shomei suru
firma (f) (nombre)	署名	shomei
firmar (vt)	署名する	shomei suru
sello (m)	捺印	natsuin
objeto (m) del acuerdo	契約の目的物	keiyaku no mokuteki butsu
cláusula (f)	条項	jōkō
partes (f pl)	当事者	tōjisha
domicilio (m) legal	法的住所	hōteki jūsho
violar el contrato	契約を破棄する	keiyaku wo haki suru
obligación (f)	義務	gimu
responsabilidad (f)	責任	sekinin

fuerza mayor (f)	不可抗力	fukakōryoku
disputa (f)	係争	keisō
penalidades (f pl)	違約金	iyaku kin

74. Importación y Exportación

importación (f)	輸入	yunyū
importador (m)	輸入業者	yunyū gyōsha
importar (vt)	輸入する	yunyū suru
de importación (adj)	輸入の	yunyū no
exportación (f)	輸出	yushutsu
exportador (m)	輸出業者	yushutsu gyōsha
exportar (vt)	輸出する	yushutsu suru
de exportación (adj)	輸出の	yushutsu no
mercancía (f)	品物	shinamono
lote (m) de mercancías	委託	itaku
peso (m)	重量	jūryō
volumen (m)	体積	taiseki
metro (m) cúbico	立法メートル	rippō mētoru
productor (m)	メーカー	mēkā
compañía (f) de transporte	輸送会社	yusō gaisha
contenedor (m)	コンテナ	kontena
frontera (f)	国境	kokkyō
aduana (f)	税関	zeikan
derechos (m pl) arancelarios	関税	kanzei
aduanero (m)	税関吏	zeikanri
contrabandismo (m)	密輸	mitsuyu
contrabando (m)	密輸された商品	mitsuyu sare ta shōhin

75. Las finanzas

acción (f)	株	kabu
bono (m), obligación (f)	債券	saiken
letra (f) de cambio	為替手形	kawase tegata
bolsa (f)	証券取引所	shōken torihiki sho
cotización (f) de valores	株価	kabuka
abaratarse (vr)	安くなる	yasuku naru
encarecerse (vr)	高くなる	takaku naru
parte (f)	株式保有	kabushiki hoyū
interés (m) mayoritario	企業支配権	kigyō shihai ken
inversiones (f pl)	投資	tōshi
invertir (vi, vt)	投資する	tōshi suru
porcentaje (m)	百分率	hyakubunritsu
interés (m)	利子	rishi

beneficio (m)	利益	rieki
beneficioso (adj)	利益のある	rieki no aru
impuesto (m)	税	zei

divisa (f)	通貨	tsūka
nacional (adj)	国の	kuni no
cambio (m)	両替	ryōgae

| contable (m) | 会計士 | kaikeishi |
| contaduría (f) | 会計 | kaikei |

bancarrota (f)	破産	hasan
quiebra (f)	破綻	hatan
ruina (f)	破産	hasan
arruinarse (vr)	破産する	hasan suru
inflación (f)	インフレ	infure
devaluación (f)	平価切り下げ	heika kirisage

capital (m)	資本	shihon
ingresos (m pl)	収益	shūeki
volumen (m) de negocio	売上高	uriage daka
recursos (m pl)	財源	zaigen
recursos (m pl) monetarios	貨幣資産	kahei shisan
gastos (m pl) accesorios	諸経費	shokeihi
reducir (vt)	削減する	sakugen suru

76. La mercadotecnia

mercadotecnia (f)	マーケティング	māketingu
mercado (m)	市場	shijō
segmento (m) del mercado	市場区分	shijō kubun
producto (m)	製品	seihin
mercancía (f)	品物	shinamono

marca (f)	ブランド	burando
marca (f) comercial	商標	shōhyō
logotipo (m)	ロゴタイプ	rogo taipu
logo (m)	ロゴ	rogo

| demanda (f) | 需要 | juyō |
| oferta (f) | 供給 | kyōkyū |

| necesidad (f) | 必要 | hitsuyō |
| consumidor (m) | 消費者 | shōhi sha |

| análisis (m) | 分析 | bunseki |
| analizar (vt) | 分析する | bunseki suru |

| posicionamiento (m) | ポジショニング | pojishoningu |
| posicionar (vt) | ポジショニングする | pojishoningu suru |

precio (m)	価格	kakaku
política (f) de precios	価格政策	kakaku seisaku
formación (m) de precios	価格形成	kakaku keisei

77. La publicidad

publicidad (f)	広告	kōkoku
publicitar (vt)	広告する	kōkoku suru
presupuesto (m)	予算	yosan
anuncio (m) publicitario	広告	kōkoku
publicidad (f) televisiva	テレビ広告	terebi kōkoku
publicidad (f) radiofónica	ラジオ広告	rajio kōkoku
publicidad (f) exterior	屋外広告	okugai kōkoku
medios (m pl) de comunicación de masas	マスメディア	masumedia
periódico (m)	定期刊行物	teiki kankō butsu
imagen (f)	イメージ	imēji
consigna (f)	スローガン	surōgan
divisa (f)	モットー	mottō
campaña (f)	キャンペーン	kyanpēn
campaña (f) publicitaria	広告キャンペーン	kōkoku kyanpēn
auditorio (m) objetivo	ターゲット・オーディエンス	tāgetto ōdiensu
tarjeta (f) de visita	名刺	meishi
prospecto (m)	チラシ	chirashi
folleto (m)	パンフレット	panfuretto
panfleto (m)	小冊子	shō sasshi
boletín (m)	ニュースレター	nyūsuretā
letrero (m) (~ luminoso)	店看板	mise kanban
pancarta (f)	ポスター	posutā
valla (f) publicitaria	広告掲示板	kōkoku keijiban

78. La banca

banco (m)	銀行	ginkō
sucursal (f)	支店	shiten
asesor (m) (~ fiscal)	銀行員	ginkōin
gerente (m)	長	chō
cuenta (f)	口座	kōza
numero (m) de la cuenta	口座番号	kōza bangō
cuenta (f) corriente	当座預金口座	tōza yokin kōza
cuenta (f) de ahorros	貯蓄預金口座	chochiku yokin kōza
abrir una cuenta	口座を開く	kōza wo hiraku
cerrar la cuenta	口座を解約する	kōza wo kaiyaku suru
ingresar en la cuenta	口座に預金する	kōza ni yokin suru
sacar de la cuenta	引き出す	hikidasu
depósito (m)	預金	yokin
hacer un depósito	預金する	yokin suru

giro (m) bancario	送金	sōkin
hacer un giro	送金する	sōkin suru
suma (f)	合計金額	gōkei kingaku
¿Cuánto?	いくら？	ikura ?
firma (f) (nombre)	署名	shomei
firmar (vt)	署名する	shomei suru
tarjeta (f) de crédito	クレジットカード	kurejitto kādo
código (m)	コード	kōdo
número (m) de tarjeta de crédito	クレジットカード番号	kurejitto kādo bangō
cajero (m) automático	ATM	ētīemu
cheque (m)	小切手	kogitte
sacar un cheque	小切手を書く	kogitte wo kaku
talonario (m)	小切手帳	kogitte chō
crédito (m)	融資	yūshi
pedir el crédito	融資を申し込む	yūshi wo mōshikomu
obtener un crédito	融資を受ける	yūshi wo ukeru
conceder un crédito	融資を行う	yūshi wo okonau
garantía (f)	保障	hoshō

79. El teléfono. Las conversaciones telefónicas

teléfono (m)	電話	denwa
teléfono (m) móvil	携帯電話	keitai denwa
contestador (m)	留守番電話	rusuban denwa
llamar, telefonear	電話する	denwa suru
llamada (f)	電話	denwa
marcar un número	電話番号をダイアルする	denwa bangō wo daiaru suru
¿Sí?, ¿Dígame?	もしもし	moshimoshi
preguntar (vt)	問う	tō
responder (vi, vt)	出る	deru
oír (vt)	聞く	kiku
bien (adv)	良く	yoku
mal (adv)	良くない	yoku nai
ruidos (m pl)	電波障害	denpa shōgai
auricular (m)	受話器	juwaki
descolgar (el teléfono)	電話に出る	denwa ni deru
colgar el auricular	電話を切る	denwa wo kiru
ocupado (adj)	話し中	hanashi chū
sonar (teléfono)	鳴る	naru
guía (f) de teléfonos	電話帳	denwa chō
local (adj)	市内の	shinai no
llamada (f) local	市内電話	shinai denwa

de larga distancia	市外の	shigai no
llamada (f) de larga distancia	市外電話	shigai denwa
internacional (adj)	国際の	kokusai no
llamada (f) internacional	国際電話	kokusai denwa

80. El teléfono celular

teléfono (m) móvil	携帯電話	keitai denwa
pantalla (f)	ディスプレイ	disupurei
botón (m)	ボタン	botan
tarjeta SIM (f)	ＳＩＭカード	shimu kādo

pila (f)	電池	denchi
descargarse (vr)	切れる	kireru
cargador (m)	充電器	jūden ki

menú (m)	メニュー	menyū
preferencias (f pl)	設定	settei
melodía (f)	メロディー	merodī
seleccionar (vt)	選択する	sentaku suru

calculadora (f)	電卓	dentaku
contestador (m)	ボイスメール	boisu mēru
despertador (m)	目覚まし	mezamashi
contactos (m pl)	連絡先	renraku saki

| mensaje (m) de texto | テキストメッセージ | tekisuto messēji |
| abonado (m) | 加入者 | kanyū sha |

81. Los artículos de escritorio

| bolígrafo (m) | ボールペン | bōrupen |
| pluma (f) estilográfica | 万年筆 | mannenhitsu |

lápiz (f)	鉛筆	enpitsu
marcador (m)	蛍光ペン	keikō pen
rotulador (m)	フェルトペン	feruto pen

| bloc (m) de notas | メモ帳 | memo chō |
| agenda (f) | 手帳 | techō |

regla (f)	定規	jōgi
calculadora (f)	電卓	dentaku
goma (f) de borrar	消しゴム	keshigomu

| chincheta (f) | 画鋲 | gabyō |
| clip (m) | ゼムクリップ | zemu kurippu |

pegamento (m)	糊	nori
grapadora (f)	ホッチキス	hocchikisu
perforador (m)	パンチ	panchi
sacapuntas (m)	鉛筆削り	enpitsu kezuri

82. Tipos de negocios

contabilidad (f)	会計サービス	kaikei sābisu
publicidad (f)	広告	kōkoku
agencia (f) de publicidad	広告代理店	kōkoku dairi ten
climatizadores (m pl)	エアコン	eakon
compañía (f) aérea	航空会社	kōkū gaisha
bebidas (f pl) alcohólicas	アルコール飲料	arukōru inryō
antigüedad (f)	骨董品	kottō hin
galería (f) de arte	画廊	garō
servicios (m pl) de auditoría	監査サービス	kansa sābisu
negocio (m) bancario	銀行業	ginkō gyō
bar (m)	バー	bā
salón (m) de belleza	美容院	biyō in
librería (f)	本屋	honya
fábrica (f) de cerveza	ビール醸造所	bīru jōzō jo
centro (m) de negocios	ビジネスセンター	bijinesu sentā
escuela (f) de negocios	ビジネススクール	bijinesu sukūru
casino (m)	カジノ	kajino
construcción (f)	建設業	kensetsu gyō
consultoría (f)	コンサルタント業	konsarutanto gyō
estomatología (f)	歯科医院	shika īn
diseño (m)	デザイン	dezain
farmacia (f)	薬局	yakkyoku
tintorería (f)	クリーニング屋	kurīningu ya
agencia (f) de empleo	職業紹介所	shokugyō shōkai sho
servicios (m pl) financieros	金融サービス	kinyū sābisu
productos alimenticios	食品	shokuhin
funeraria (f)	葬儀社	sōgi sha
muebles (m pl)	家具	kagu
ropa (f), vestido (m)	衣服	ifuku
hotel (m)	ホテル	hoteru
helado (m)	アイスクリーム	aisukurīmu
industria (f)	産業	sangyō
seguro (m)	保険	hoken
internet (m), red (f)	インターネット	intānetto
inversiones (f pl)	投資	tōshi
joyero (m)	宝石商	hōsekishō
joyería (f)	宝石	hōseki
lavandería (f)	洗濯屋	sentaku ya
asesoría (f) jurídica	法律事務所	hōritsu jimusho
industria (f) ligera	軽工業	keikōgyō
revista (f)	雑誌	zasshi
venta (f) por catálogo	通信販売	tsūshin hanbai
medicina (f)	医療	iryō
cine (m) (iremos al ~)	映画館	eiga kan
museo (m)	博物館	hakubutsukan

agencia (f) de información	通信社	tsūshin sha
periódico (m)	新聞	shinbun
club (m) nocturno	ナイトクラブ	naito kurabu

petróleo (m)	油	abura
servicio (m) de entrega	宅配便	takuhai bin
industria (f) farmacéutica	製薬会社	seiyaku kaisha
poligrafía (f)	印刷業	insatsu gyō
editorial (f)	出版社	shuppan sha

radio (f)	ラジオ	rajio
inmueble (m)	不動産	fudōsan
restaurante (m)	レストラン	resutoran

agencia (f) de seguridad	警備会社	keibi gaisha
deporte (m)	スポーツ	supōtsu
bolsa (f) de comercio	証券取引所	shōken torihiki sho
tienda (f)	店、…屋	mise, …ya
supermercado (m)	スーパーマーケット	sūpāmāketto
piscina (f)	プール	pūru

taller (m)	仕立て屋	shitateya
televisión (f)	テレビ	terebi
teatro (m)	劇場	gekijō
comercio (m)	取引	torihiki
servicios de transporte	輸送	yusō
turismo (m)	旅行	ryokō

veterinario (m)	獣医	jūi
almacén (m)	倉庫	sōko
recojo (m) de basura	ごみ収集	gomi shūshū

El trabajo. Los negocios. Unidad 2

83. El espectáculo. La exhibición

exposición, feria (f)	博覧会	hakuran kai
feria (f) comercial	見本市	mihonichi
participación (f)	参加	sanka
participar (vi)	参加する	sanka suru
participante (m)	参加者	sanka sha
director (m)	責任者	sekinin sha
dirección (f)	事務局	jimu kyoku
organizador (m)	主催者	shusai sha
organizar (vt)	主催する	shusai suru
solicitud (f) de participación	申込書	mōshikomi sho
rellenar (vt)	記入する	kinyū suru
detalles (m pl)	詳細	shōsai
información (f)	案内	annai
precio (m)	出展料	shutten ryō
incluso	…込み、…を含む	… komi , … wo fukumu
incluir (vt)	含める	fukumeru
pagar (vi, vt)	払う	harau
cuota (f) de registro	登録料	tōroku ryō
entrada (f)	入り口	iriguchi
pabellón (m)	展示館	tenji kan
registrar (vt)	登録する	tōroku suru
tarjeta (f) de identificación	名札	nafuda
stand (m)	小間、ブース	koma, būsu
reservar (vt)	予約する	yoyaku suru
vitrina (f)	ショーケース	shōkēsu
lámpara (f)	スポットライト	supottoraito
diseño (m)	デザイン	dezain
poner (colocar)	置く	oku
situarse (vr)	置かれる	okareru
distribuidor (m)	代理店	dairi ten
proveedor (m)	供給者	kyōkyū sha
suministrar (vt)	供給する	kyōkyū suru
país (m)	国	kuni
extranjero (adj)	外国の	gaikoku no
producto (m)	製品	seihin
asociación (f)	協会	kyōkai
sala (f) de conferencias	会議場	kaigi jō

| congreso (m) | 会議 | kaigi |
| concurso (m) | コンテスト | kontesuto |

visitante (m)	来場者	raijō sha
visitar (vt)	見に行く	mi ni iku
cliente (m)	客	kyaku

84. La ciencia. La investigación. Los científicos

ciencia (f)	科学	kagaku
científico (adj)	科学の	kagaku no
científico (m)	科学者	kagaku sha
teoría (f)	理論	riron

axioma (m)	公理	kōri
análisis (m)	分析	bunseki
analizar (vt)	分析する	bunseki suru
argumento (m)	論拠	ronkyo
sustancia (f) (materia)	物質	busshitsu

hipótesis (f)	仮説	kasetsu
dilema (m)	ジレンマ	jirenma
tesis (f) de grado	論文	ronbun
dogma (m)	定説	teisetsu

doctrina (f)	教義	kyōgi
investigación (f)	研究	kenkyū
investigar (vt)	研究する	kenkyū suru
prueba (f)	検査すること	kensa suru koto
laboratorio (m)	研究室	kenkyū shitsu

método (m)	方法	hōhō
molécula (f)	分子	bunshi
seguimiento (m)	モニタリング	monitaringu
descubrimiento (m)	発見	hakken

postulado (m)	仮定	katei
principio (m)	原理	genri
pronóstico (m)	予想	yosō
pronosticar (vt)	予想する	yosō suru

síntesis (f)	合成	gōsei
tendencia (f)	傾向	keikō
teorema (m)	定理	teiri

enseñanzas (f pl)	教え	oshie
hecho (m)	事実	jijitsu
expedición (f)	探検	tanken
experimento (m)	実験	jikken

académico (m)	アカデミー会員	akademī kaīn
bachiller (m)	学士	gakushi
doctorado (m)	博士	hakase
docente (m)	准教授	jun kyōju

Master (m) (~ en Letras)	修士	shūshi
profesor (m)	教授	kyōju

Las profesiones y los oficios

85. La búsqueda de trabajo. El despido del trabajo

trabajo (m)	仕事	shigoto
empleados (pl)	部員	buin
personal (m)	従業員	jyūgyōin
carrera (f)	職歴	shokureki
perspectiva (f)	見通し	mitōshi
maestría (f)	専門技術	senmon gijutsu
selección (f)	選考	senkō
agencia (f) de empleo	職業紹介所	shokugyō shōkai sho
curriculum vitae (m)	履歴書	rireki sho
entrevista (f)	面接	mensetsu
vacancia (f)	欠員	ketsuin
salario (m)	給料	kyūryō
salario (m) fijo	固定給	kotei kyū
remuneración (f)	給与	kyūyo
puesto (m) (trabajo)	地位	chī
deber (m)	職務	shokumu
gama (f) de deberes	職務範囲	shokumu hani
ocupado (adj)	忙しい	isogashī
despedir (vt)	解雇する	kaiko suru
despido (m)	解雇	kaiko
desempleo (m)	失業	shitsugyō
desempleado (m)	失業者	shitsugyō sha
jubilación (f)	退職	taishoku
jubilarse	退職する	taishoku suru

86. Los negociantes

director (m)	責任者	sekinin sha
gerente (m)	管理者	kanri sha
jefe (m)	ボス	bosu
superior (m)	上司	jōshi
superiores (m pl)	上司	jōshi
presidente (m)	社長	shachō
presidente (m) (de compañía)	会長	kaichō
adjunto (m)	副部長	fuku buchō
asistente (m)	助手	joshu

secretario, -a (m, f)	秘書	hisho
secretario (m) particular	個人秘書	kojin hisho
hombre (m) de negocios	ビジネスマン	bijinesuman
emprendedor (m)	企業家	kigyō ka
fundador (m)	創立者	sōritsu sha
fundar (vt)	創立する	sōritsu suru
institutor (m)	共同出資者	kyōdō shusshi sha
compañero (m)	パートナー	pātonā
accionista (m)	株主	kabunushi
millonario (m)	百万長者	hyakuman chōja
multimillonario (m)	億万長者	okuman chōja
propietario (m)	経営者	keieisha
terrateniente (m)	土地所有者	tochi shoyū sha
cliente (m)	クライアント	kuraianto
cliente (m) habitual	常連客	jōren kyaku
comprador (m)	買い手	kaite
visitante (m)	来客	raikyaku
profesional (m)	熟練者	jukuren sha
experto (m)	エキスパート	ekisupāto
especialista (m)	専門家	senmon ka
banquero (m)	銀行家	ginkō ka
broker (m)	仲買人	nakagainin
cajero (m)	レジ係	reji gakari
contable (m)	会計士	kaikeishi
guardia (m) de seguridad	警備員	keibi in
inversionista (m)	投資者	tōshi sha
deudor (m)	債務者	saimu sha
acreedor (m)	債権者	saiken sha
prestatario (m)	借り主	karinushi
importador (m)	輸入業者	yunyū gyōsha
exportador (m)	輸出業者	yushutsu gyōsha
productor (m)	メーカー	mēkā
distribuidor (m)	代理店	dairi ten
intermediario (m)	中間業者	chūkan gyōsha
asesor (m) (~ fiscal)	コンサルタント	konsarutanto
representante (m)	販売外交員	hanbai gaikōin
agente (m)	代理人	dairinin
agente (m) de seguros	保険代理人	hoken dairinin

87. Los trabajos de servicio

cocinero (m)	料理人	ryōri jin
jefe (m) de cocina	シェフ	shefu

panadero (m)	パン職人	pan shokunin
barman (m)	バーテンダー	bātendā
camarero (m)	ウェイター	weitā
camarera (f)	ウェートレス	wētoresu
abogado (m)	弁護士	bengoshi
jurista (m)	法律顧問	hōritsu komon
notario (m)	公証人	kōshō nin
electricista (m)	電気工事士	denki kōji shi
fontanero (m)	配管工	haikan kō
carpintero (m)	大工	daiku
masajista (m)	マッサージ師	massāji shi
masajista (f)	女性マッサージ師	josei massāji shi
médico (m)	医者	isha
taxista (m)	タクシーの運転手	takushī no unten shu
chófer (m)	運転手	unten shu
repartidor (m)	宅配業者	takuhai gyōsha
camarera (f)	客室係	kyakushitsu gakari
guardia (m) de seguridad	警備員	keibi in
azafata (f)	客室乗務員	kyakushitsu jōmu in
profesor (m) (~ de baile, etc.)	教師	kyōshi
bibliotecario (m)	図書館員	toshokan in
traductor (m)	翻訳者	honyaku sha
intérprete (m)	通訳者	tsūyaku sha
guía (m)	ガイド	gaido
peluquero (m)	美容師	biyō shi
cartero (m)	郵便配達人	yūbin haitatsu jin
vendedor (m)	店員	tenin
jardinero (m)	庭師	niwashi
servidor (m)	使用人	shiyōnin
criada (f)	メイド	meido
mujer (f) de la limpieza	掃除婦	sōjifu

88. La profesión militar y los rangos

soldado (m) raso	二等兵	nitōhei
sargento (m)	軍曹	gunsō
teniente (m)	中尉	chūi
capitán (m)	大尉	taī
mayor (m)	少佐	shōsa
coronel (m)	大佐	taisa
general (m)	将官	shōkan
mariscal (m)	元帥	gensui
almirante (m)	提督	teitoku
militar (m)	軍人	gunjin
soldado (m)	兵士	heishi

oficial (m)	士官	shikan
comandante (m)	指揮官	shiki kan
guardafronteras (m)	国境警備兵	kokkyō keibi hei
radio-operador (m)	通信士	tsūshin shi
explorador (m)	斥候	sekkō
zapador (m)	工兵	kōhei
tirador (m)	射手	shashu
navegador (m)	航空士	kōkū shi

89. Los oficiales. Los sacerdotes

rey (m)	国王	kokuō
reina (f)	女王	joō
príncipe (m)	王子	ōji
princesa (f)	王妃	ōhi
zar (m)	ツァーリ	tsāri
zarina (f)	女帝	nyotei
presidente (m)	大統領	daitōryō
ministro (m)	長官	chōkan
primer ministro (m)	首相	shushō
senador (m)	上院議員	jōin gīn
diplomático (m)	外交官	gaikō kan
cónsul (m)	領事	ryōji
embajador (m)	大使	taishi
consejero (m)	顧問	komon
funcionario (m)	公務員	kōmuin
prefecto (m)	知事	chiji
alcalde (m)	市長	shichō
juez (m)	裁判官	saibankan
fiscal (m)	検察官	kensatsukan
misionero (m)	宣教師	senkyōshi
monje (m)	修道士	shūdō shi
abad (m)	修道院長	shūdōin chō
rabino (m)	ラビ	rabi
visir (m)	ワズィール	wazīru
sha (m), shah (m)	シャー	shā
jeque (m)	シャイフ	shaifu

90. Las profesiones agrícolas

apicultor (m)	養蜂家	yōhōka
pastor (m)	牛飼い	ushikai
agrónomo (m)	農学者	nōgaku sha

| ganadero (m) | 牧畜業者 | bokuchiku gyōsha |
| veterinario (m) | 獣医 | jūi |

granjero (m)	農業経営者	nōgyō keiei sha
vinicultor (m)	ワイン生産者	wain seisan sha
zoólogo (m)	動物学者	dōbutsu gakusha
cowboy (m)	カウボーイ	kaubōi

91. Las profesiones artísticas

| actor (m) | 俳優 | haiyū |
| actriz (f) | 女優 | joyū |

| cantante (m) | 歌手 | kashu |
| cantante (f) | 歌手 | kashu |

| bailarín (m) | ダンサー | dansā |
| bailarina (f) | ダンサー | dansā |

| artista (m) | 芸能人 | geinōjin |
| artista (f) | 芸能人 | geinōjin |

músico (m)	音楽家	ongakuka
pianista (m)	ピアニスト	pianisuto
guitarrista (m)	ギターリスト	gitā risuto

director (m) de orquesta	指揮者	shiki sha
compositor (m)	作曲家	sakkyoku ka
empresario (m)	マネージャー	manējā

director (m) de cine	映画監督	eiga kantoku
productor (m)	プロデューサー	purodyūsā
guionista (m)	台本作家	daihon sakka
crítico (m)	評論家	hyōron ka

escritor (m)	作家	sakka
poeta (m)	詩人	shijin
escultor (m)	彫刻家	chōkoku ka
pintor (m)	画家	gaka

malabarista (m)	手品師	tejina shi
payaso (m)	道化師	dōkeshi
acróbata (m)	曲芸師	kyokugei shi
ilusionista (m)	手品師	tejina shi

92. Profesiones diversas

médico (m)	医者	isha
enfermera (f)	看護師	kangoshi
psiquiatra (m)	精神科医	seishin kai
estomatólogo (m)	歯科医	shikai
cirujano (m)	外科医	gekai

astronauta (m)	宇宙飛行士	uchū hikō shi
astrónomo (m)	天文学者	tenmongaku sha
piloto (m)	パイロット	pairotto
conductor (m) (chófer)	運転手	unten shu
maquinista (m)	機関士	kikan shi
mecánico (m)	修理士	shūri shi
minero (m)	鉱山労働者	kōzan rōdō sha
obrero (m)	労働者	rōdō sha
cerrajero (m)	金工	kinkō
carpintero (m)	家具大工	kagu daiku
tornero (m)	旋盤工	senban kō
albañil (m)	建設作業員	kensetsu sagyō in
soldador (m)	溶接工	yōsetsu kō
profesor (m) (título)	教授	kyōju
arquitecto (m)	建築士	kenchiku shi
historiador (m)	歴史家	rekishi ka
científico (m)	科学者	kagaku sha
físico (m)	物理学者	butsuri gakusha
químico (m)	化学者	kagaku sha
arqueólogo (m)	考古学者	kōkogakusha
geólogo (m)	地質学者	chishitsu gakusha
investigador (m)	研究者	kenkyū sha
niñera (f)	ベビーシッター	bebīshittā
pedagogo (m)	教育者	kyōiku sha
redactor (m)	編集者	henshū sha
redactor jefe (m)	編集長	henshū chō
corresponsal (m)	特派員	tokuhain
mecanógrafa (f)	タイピスト	taipisuto
diseñador (m)	デザイナー	dezainā
especialista (m) en ordenadores	コンピュータ専門家	konpyūta senmon ka
programador (m)	プログラマー	puroguramā
ingeniero (m)	技師	gishi
marino (m)	水夫	suifu
marinero (m)	船員	senin
socorrista (m)	救助員	kyūjo in
bombero (m)	消防士	shōbō shi
policía (m)	警官	keikan
vigilante (m) nocturno	警備員	keibi in
detective (m)	探偵	tantei
aduanero (m)	税関吏	zeikanri
guardaespaldas (m)	ボディーガード	bodīgādo
guardia (m) de prisiones	刑務官	keimu kan
inspector (m)	検査官	kensakan
deportista (m)	スポーツマン	supōtsuman
entrenador (m)	トレーナー	torēnā

carnicero (m)	肉屋	nikuya
zapatero (m)	靴修理屋	kutsu shūri ya
comerciante (m)	商人	shōnin
cargador (m)	荷役作業員	niyakusa gyōin
diseñador (m) de modas	ファッションデザイナー	fasshon dezainā
modelo (f)	モデル	moderu

93. Los trabajos. El estatus social

escolar (m)	男子生徒	danshi seito
estudiante (m)	学生	gakusei
filósofo (m)	哲学者	tetsu gakusha
economista (m)	経済学者	keizai gakusha
inventor (m)	発明者	hatsumei sha
desempleado (m)	失業者	shitsugyō sha
jubilado (m)	退職者	taishoku sha
espía (m)	スパイ	supai
prisionero (m)	囚人	shūjin
huelguista (m)	ストライキをする人	sutoraiki wo suru hito
burócrata (m)	官僚主義者	kanryō shugi sha
viajero (m)	旅行者	ryokō sha
homosexual (m)	同性愛者	dōseiai sha
hacker (m)	ハッカー	hakkā
hippie (m)	ヒッピー	hippī
bandido (m)	山賊	sanzoku
sicario (m)	殺し屋	koroshi ya
drogadicto (m)	麻薬中毒者	mayaku chūdoku sha
narcotraficante (m)	麻薬の売人	mayaku no bainin
prostituta (f)	売春婦	baishun fu
chulo (m), proxeneta (m)	ポン引き	pon biki
brujo (m)	魔法使い	mahōtsukai
bruja (f)	女魔法使い	jo mahōtsukai
pirata (m)	海賊	kaizoku
esclavo (m)	奴隷	dorei
samurai (m)	侍、武士	samurai, bushi
salvaje (m)	未開人	mikai jin

La educación

94. La escuela

escuela (f)	学校	gakkō
director (m) de escuela	校長	kōchō
alumno (m)	生徒	seito
alumna (f)	女生徒	jo seito
escolar (m)	男子生徒	danshi seito
escolar (f)	女子生徒	joshi seito
enseñar (vt)	教える	oshieru
aprender (ingles, etc.)	学ぶ	manabu
aprender de memoria	暗記する	anki suru
aprender (a leer, etc.)	勉強する	benkyō suru
estar en la escuela	学校に通う	gakkō ni kayō
ir a la escuela	学校へ行く	gakkō he iku
alfabeto (m)	アルファベット	arufabetto
materia (f)	科目	kamoku
clase (f), aula (f)	教室	kyōshitsu
lección (f)	レッスン	ressun
recreo (m)	休み時間	yasumi jikan
campana (f)	ベル	beru
pupitre (m)	学校用机	gakkō yō tsukue
pizarra (f)	黒板	kokuban
nota (f)	成績	seiseki
buena nota (f)	良い成績	yoi seiseki
mala nota (f)	悪い成績	warui seiseki
poner una nota	成績を付ける	seiseki wo tsukeru
falta (f)	間違い	machigai
hacer faltas	間違える	machigaeru
corregir (un error)	直す	naosu
chuleta (f)	カンニングペーパー	kanningu pēpā
deberes (m pl) de casa	宿題	shukudai
ejercicio (m)	練習	renshū
estar presente	出席する	shusseki suru
estar ausente	欠席する	kesseki suru
faltar a las clases	学校を休む	gakkō wo yasumu
castigar (vt)	罰する	bassuru
castigo (m)	罰	batsu
conducta (f)	行動	kōdō

libreta (f) de notas	通信簿	tsūshin bo
lápiz (f)	鉛筆	enpitsu
goma (f) de borrar	消しゴム	keshigomu
tiza (f)	チョーク	chōku
cartuchera (f)	筆箱	fudebako
mochila (f)	通学カバン	tsūgaku kaban
bolígrafo (m)	ペン	pen
cuaderno (m)	ノート	nōto
manual (m)	教科書	kyōkasho
compás (m)	コンパス	konpasu
trazar (vi, vt)	製図する	seizu suru
dibujo (m) técnico	製図	seizu
poema (m), poesía (f)	詩	shi
de memoria (adv)	暗記して	anki shi te
aprender de memoria	暗記する	anki suru
vacaciones (f pl)	休暇	kyūka
estar de vacaciones	休暇中である	kyūka chū de aru
pasar las vacaciones	休暇を過ごす	kyūka wo sugosu
prueba (f) escrita	筆記試験	hikki shiken
composición (f)	論文式試験	ronbun shiki shiken
dictado (m)	書き取り	kakitori
examen (m)	試験	shiken
hacer un examen	試験を受ける	shiken wo ukeru
experimento (m)	実験	jikken

95. Los institutos. La Universidad

academia (f)	アカデミー	akademī
universidad (f)	大学	daigaku
facultad (f)	学部	gakubu
estudiante (m)	学生	gakusei
estudiante (f)	学生	gakusei
profesor (m)	講師	kōshi
aula (f)	講堂	kōdō
graduado (m)	卒業生	sotsugyōsei
diploma (m)	卒業証書	sotsugyō shōsho
tesis (f) de grado	論文	ronbun
estudio (m)	研究書	kenkyū sho
laboratorio (m)	研究室	kenkyū shitsu
clase (f)	講義	kōgi
compañero (m) de curso	同級生	dōkyūsei
beca (f)	奨学金	shōgaku kin
grado (m) académico	学位	gakui

96. Las ciencias. Las disciplinas

matemáticas (f pl)	数学	sūgaku
álgebra (f)	代数学	daisūgaku
geometría (f)	幾何学	kikagaku
astronomía (f)	天文学	tenmon gaku
biología (f)	生物学	seibutsu gaku
geografía (f)	地理学	chiri gaku
geología (f)	地質学	chishitsu gaku
historia (f)	歴史	rekishi
medicina (f)	医学	igaku
pedagogía (f)	教育学	kyōiku gaku
derecho (m)	法学	hōgaku
física (f)	物理学	butsuri gaku
química (f)	化学	kagaku
filosofía (f)	哲学	tetsugaku
psicología (f)	心理学	shinrigaku

97. Los sistemas de escritura. La ortografía

gramática (f)	文法	bunpō
vocabulario (m)	語彙	goi
fonética (f)	音声学	onseigaku
sustantivo (m)	名詞	meishi
adjetivo (m)	形容詞	keiyōshi
verbo (m)	動詞	dōshi
adverbio (m)	副詞	fukushi
pronombre (m)	代名詞	daimeishi
interjección (f)	間投詞	kantōshi
preposición (f)	前置詞	zenchishi
raíz (f), radical (m)	語根	gokon
desinencia (f)	語尾	gobi
prefijo (m)	接頭辞	settō ji
sílaba (f)	音節	onsetsu
sufijo (m)	接尾辞	setsubi ji
acento (m)	キョウセイ [強勢]	kyōsei
apóstrofo (m)	アポストロフィー	aposutorofī
punto (m)	句点	kuten
coma (f)	コンマ	konma
punto y coma	セミコロン	semikoron
dos puntos (m pl)	コロン	koron
puntos (m pl) suspensivos	省略	shōrya ku
signo (m) de interrogación	疑問符	gimon fu
signo (m) de admiración	感嘆符	kantan fu

comillas (f pl)	引用符	inyō fu
entre comillas	引用符内	inyō fu nai
paréntesis (m)	ガッコ（括弧）	gakko
entre paréntesis	ガッコ内 （括弧内）	kakko nai
guión (m)	ハイフン	haifun
raya (f)	ダッシュ	dasshu
blanco (m)	スペース	supēsu
letra (f)	文字	moji
letra (f) mayúscula	大文字	daimonji
vocal (f)	母音	boin
consonante (m)	子音	shīn
oración (f)	文	bun
sujeto (m)	主語	shugo
predicado (m)	述語	jutsugo
línea (f)	行	gyō
en una nueva línea	新しい行で	atarashī gyō de
párrafo (m)	段落	danraku
palabra (f)	単語	tango
combinación (f) de palabras	語群	gogun
expresión (f)	表現	hyōgen
sinónimo (m)	同義語	dōgigo
antónimo (m)	対義語	taigigo
regla (f)	規則	kisoku
excepción (f)	例外	reigai
correcto (adj)	正しい	tadashī
conjugación (f)	活用	katsuyō
declinación (f)	語形変化	gokei henka
caso (m)	名詞格	meishi kaku
pregunta (f)	疑問文	gimon bun
subrayar (vt)	下線を引く	kasen wo hiku
línea (f) de puntos	点線	tensen

98. Los idiomas extranjeros

lengua (f)	言語	gengo
extranjero (adj)	外国の	gaikoku no
lengua (f) extranjera	外国語	gaikoku go
estudiar (vt)	勉強する	benkyō suru
aprender (ingles, etc.)	学ぶ	manabu
leer (vi, vt)	読む	yomu
hablar (vi, vt)	話す	hanasu
comprender (vt)	理解する	rikai suru
escribir (vt)	書く	kaku
rápidamente (adv)	速く	hayaku
lentamente (adv)	ゆっくり	yukkuri

con fluidez (adv)	流ちょうに	ryūchō ni
reglas (f pl)	規則	kisoku
gramática (f)	文法	bunpō
vocabulario (m)	語彙	goi
fonética (f)	音声学	onseigaku
manual (m)	教科書	kyōkasho
diccionario (m)	辞書	jisho
manual (m) autodidáctico	独習書	dokushū sho
guía (f) de conversación	慣用表現集	kanyō hyōgen shū
casete (m)	カセットテープ	kasettotēpu
videocasete (f)	ビデオテープ	bideotēpu
CD (m)	ＣＤ（シーディー）	shīdī
DVD (m)	ＤＶＤ［ディーブイディー］	dībuidī
alfabeto (m)	アルファベット	arufabetto
deletrear (vt)	スペリングを言う	superingu wo iu
pronunciación (f)	発音	hatsuon
acento (m)	なまり［訛り］	namari
con acento	訛りのある	namari no aru
sin acento	訛りのない	namari no nai
palabra (f)	単語	tango
significado (m)	意味	imi
cursos (m pl)	講座	kōza
inscribirse (vr)	申し込む	mōshikomu
profesor (m) (~ de inglés)	先生	sensei
traducción (f) (proceso)	翻訳	honyaku
traducción (f) (texto)	訳文	yakubun
traductor (m)	翻訳者	honyaku sha
intérprete (m)	通訳者	tsūyaku sha
políglota (m)	ポリグロット	porigurotto
memoria (f)	記憶	kioku

Los restaurantes. El entretenimiento. El viaje

99. El viaje. Viajar

turismo (m)	観光	kankō
turista (m)	観光客	kankō kyaku
viaje (m)	旅行	ryokō
aventura (f)	冒険	bōken
viaje (m)	旅	tabi
vacaciones (f pl)	休暇	kyūka
estar de vacaciones	休暇中です	kyūka chū desu
descanso (m)	休み	yasumi
tren (m)	列車	ressha
en tren	列車で	ressha de
avión (m)	航空機	kōkūki
en avión	飛行機で	hikōki de
en coche	車で	kuruma de
en barco	船で	fune de
equipaje (m)	荷物	nimotsu
maleta (f)	スーツケース	sūtsukēsu
carrito (m) de equipaje	荷物カート	nimotsu kāto
pasaporte (m)	パスポート	pasupōto
visado (m)	ビザ	biza
billete (m)	乗車券	jōsha ken
billete (m) de avión	航空券	kōkū ken
guía (f) (libro)	ガイドブック	gaido bukku
mapa (m)	地図	chizu
área (m) (~ rural)	地域	chīki
lugar (m)	場所	basho
exotismo (m)	エキゾチック	ekizochikku
exótico (adj)	エキゾチックな	ekizochikku na
asombroso (adj)	驚くべき	odoroku beki
grupo (m)	団	dan
excursión (f)	小旅行	shō ryokō
guía (m) (persona)	ツアーガイド	tuā gaido

100. El hotel

hotel (m)	ホテル	hoteru
motel (m)	モーテル	mō teru
de tres estrellas	三つ星	mitsu boshi

de cinco estrellas	五つ星	itsutsu boshi
hospedarse (vr)	泊まる	tomaru
habitación (f)	部屋、ルーム	heya, rūmu
habitación (f) individual	シングルルーム	shinguru rūmu
habitación (f) doble	ダブルルーム	daburu rūmu
reservar una habitación	部屋を予約する	heya wo yoyaku suru
media pensión (f)	ハーフボード	hāfu bōdo
pensión (f) completa	フルボード	furu bōdo
con baño	浴槽付きの	yokusō tsuki no
con ducha	シャワー付きの	shawā tsuki no
televisión (f) satélite	衛星テレビ	eisei terebi
climatizador (m)	エアコン	eakon
toalla (f)	タオル	taoru
llave (f)	鍵	kagi
administrador (m)	管理人	kanri jin
camarera (f)	客室係	kyakushitsu gakari
maletero (m)	ベルボーイ	beru bōi
portero (m)	ドアマン	doa man
restaurante (m)	レストラン	resutoran
bar (m)	パブ、バー	pabu, bā
desayuno (m)	朝食	chōshoku
cena (f)	夕食	yūshoku
buffet (m) libre	ビュッフェ	byuffe
vestíbulo (m)	ロビー	robī
ascensor (m)	エレベーター	erebētā
NO MOLESTAR	起こさないで下さい	okosa nai de kudasai
PROHIBIDO FUMAR	禁煙	kinen

EL EQUIPO TÉCNICO. EL TRANSPORTE

El equipo técnico

101. El computador

ordenador (m)	コンピューター	konpyūtā
ordenador (m) portátil	ノートパソコン	nōto pasokon
encender (vt)	入れる	ireru
apagar (vt)	消す	kesu
teclado (m)	キーボード	kībōdo
tecla (f)	キー	kī
ratón (m)	マウス	mausu
alfombrilla (f) para ratón	マウスパッド	mausu paddo
botón (m)	ボタン	botan
cursor (m)	カーソル	kāsoru
monitor (m)	モニター	monitā
pantalla (f)	スクリーン	sukurīn
disco (m) duro	ハードディスク	hādo disuku
volumen (m) de disco duro	ハードディスクの容量	hādo disuku no yōryō
memoria (f)	メモリ	memori
memoria (f) operativa	ランダム・アクセス・メモリ	randamu akusesu memori
archivo, fichero (m)	ファイル	fairu
carpeta (f)	フォルダ	foruda
abrir (vt)	開く	hiraku
cerrar (vt)	閉じる	tojiru
guardar (un archivo)	保存する	hozon suru
borrar (vt)	削除する	sakujo suru
copiar (vt)	コピーする	kopī suru
ordenar (vt) (~ de A a Z, etc.)	ソートする	sōto suru
copiar (vt)	転送する	tensō suru
programa (m)	プログラム	puroguramu
software (m)	ソフトウェア	sofutowea
programador (m)	プログラマ	purogurama
programar (vt)	プログラムを作る	puroguramu wo tsukuru
hacker (m)	ハッカー	hakkā
contraseña (f)	パスワード	pasuwādo
virus (m)	ウイルス	uirusu
detectar (vt)	検出する	kenshutsu suru
octeto (m)	バイト	baito

megaocteto (m)	メガバイト	megabaito
datos (m pl)	データ	dēta
base (f) de datos	データベース	dētabēsu

cable (m)	ケーブル	kēburu
desconectar (vt)	接続を切る	setsuzoku wo kiru
conectar (vt)	接続する	setsuzoku suru

102. El internet. El correo electrónico

internet (m), red (f)	インターネット	intānetto
navegador (m)	ブラウザー	burauzā
buscador (m)	検索エンジン	kensaku enjin
proveedor (m)	プロバイダー	purobaidā

webmaster (m)	ウェブマスター	webumasutā
sitio (m) web	ウェブサイト	webusaito
página (f) web	ウェブページ	webupēji

| dirección (f) | アドレス | adoresu |
| libro (m) de direcciones | 住所録 | jūsho roku |

buzón (m)	メールボックス	mēru bokkusu
correo (m)	メール	mēru
lleno (adj)	いっぱい（一杯）	ippai

mensaje (m)	メッセージ	messēji
correo (m) entrante	受信メッセージ	jushin messēji
correo (m) saliente	送信メッセージ	sōshin messēji
expedidor (m)	送信者	sōshin sha
enviar (vt)	送信する	sōshin suru
envío (m)	送信	sōshin
destinatario (m)	受信者	jushin sha
recibir (vt)	受信する	jushin suru

| correspondencia (f) | やり取り | yaritori |
| escribirse con ... | 連絡する | renraku suru |

archivo, fichero (m)	ファイル	fairu
descargar (vt)	ダウンロードする	daunrōdo suru
crear (vt)	作成する	sakusei suru
borrar (vt)	削除する	sakujo suru
borrado (adj)	削除された	sakujo sare ta

conexión (f) (ADSL, etc.)	接続	setsuzoku
velocidad (f)	速度	sokudo
módem (m)	モデム	modemu
acceso (m)	アクセス	akusesu
puerto (m)	ポート	pōto

conexión (f) (establecer la ~)	接続	setsuzoku
conectarse a ...	…に接続する	... ni setsuzoku suru
seleccionar (vt)	選択する	sentaku suru
buscar (vt)	検索する	kensaku suru

103. La electricidad

electricidad (f)	電気	denki
eléctrico (adj)	電気の	denki no
central (f) eléctrica	発電所	hatsuden sho
energía (f)	エネルギー	enerugī
energía (f) eléctrica	電力	denryoku
bombilla (f)	電球	denkyū
linterna (f)	懐中電灯	kaichū dentō
farola (f)	街灯	gaitō
luz (f)	電灯	dentō
encender (vt)	つける	tsukeru
apagar (vt)	消す	kesu
apagar la luz	電気を消す	denki wo kesu
quemarse (vr)	切れる	kireru
circuito (m) corto	短絡	tanraku
ruptura (f)	断線	dansen
contacto (m)	接触	sesshoku
interruptor (m)	スイッチ	suicchi
enchufe (m)	コンセント	konsento
clavija (f)	プラグ	puragu
alargador (m)	延長コード	enchō kōdo
fusible (m)	ヒューズ	hyūzu
hilo (m)	電線、ケーブル	densen, kēburu
instalación (f) eléctrica	電気配線	denki haisen
amperio (m)	アンペア	anpea
amperaje (m)	アンペア数	anpea sū
voltio (m)	ボルト	boruto
voltaje (m)	電圧	denatsu
aparato (m) eléctrico	電気製品	denki seihin
indicador (m)	表示器	hyōji ki
electricista (m)	電気工事士	denki kōji shi
soldar (vt)	はんだ付けする	handa tsuke suru
soldador (m)	半田ごて [はんだごて]	handa gote
corriente (f)	電流	denryū

104. Las herramientas

instrumento (m)	道具	dōgu
instrumentos (m pl)	工具	kōgu
maquinaria (f)	機器	kiki
martillo (m)	金槌 [金づち]	kanazuchi
destornillador (m)	ドライバー	doraibā
hacha (f)	斧 [おの]	ono

sierra (f)	のこぎり	nokogiri
serrar (vt)	のこぎりで切る	nokogiri de kiru
cepillo (m)	かんな	kanna
cepillar (vt)	かんなをかける	kanna wo kakeru
soldador (m)	半田ごて［はんだごて］	handa gote
soldar (vt)	はんだ付けする	handa tsuke suru

lima (f)	やすり	ya suri
tenazas (f pl)	カーペンタープライヤー	kāpentā puraiyā
alicates (m pl)	ペンチ	penchi
escoplo (m)	のみ	nomi

broca (f)	ドリルビット	doriru bitto
taladro (m)	電気ドリル	denki doriru
taladrar (vi, vt)	穴を開ける	ana wo akeru

| cuchillo (m) | ナイフ | naifu |
| filo (m) | 刃 | ha |

agudo (adj)	鋭い	surudoi
embotado (adj)	鈍い	nibui
embotarse (vr)	鈍る	niburu
afilar (vt)	研ぐ	togu

perno (m)	ボルト	boruto
tuerca (f)	ナット	natto
filete (m)	ねじ山	nejiyama
tornillo (m)	木ねじ	mokuneji

| clavo (m) | 釘［くぎ］ | kugi |
| cabeza (f) del clavo | 釘頭 | kugi atama |

regla (f)	定規	jōgi
cinta (f) métrica	巻き尺	makijaku
nivel (m) de burbuja	水準器	suijun ki
lupa (f)	ルーペ	rūpe

aparato (m) de medida	測定道具	sokutei dōgu
medir (vt)	測る	hakaru
escala (f) (~ métrica)	目盛り	memori
lectura (f)	検針値	kenshin chi

| compresor (m) | コンプレッサー | konpuressā |
| microscopio (m) | 顕微鏡 | kenbikyō |

bomba (f) (~ de agua)	ポンプ	ponpu
robot (m)	ロボット	robotto
láser (m)	レーザー	rēzā

llave (f) de tuerca	スパナ	supana
cinta (f) adhesiva	粘着テープ	nenchaku tēpu
pegamento (m)	糊	nori

papel (m) de lija	紙やすり	kami ya suri
resorte (m)	スプリング	supuringu
imán (m)	磁石	jishaku

guantes (m pl)	手袋	tebukuro
cuerda (f)	ロープ	rōpu
cordón (m)	紐	himo
hilo (m) (~ eléctrico)	電線	densen
cable (m)	ケーブル	kēburu
almádana (f)	大ハンマー	dai hanmā
barra (f)	バール	bāru
escalera (f) portátil	梯子 [はしご]	hashigo
escalera (f) de tijera	脚立	kyatatsu
atornillar (vt)	締める	shimeru
destornillar (vt)	緩める	yurumeru
apretar (vt)	堅く締める	kataku shimeru
pegar (vt)	接着する	secchaku suru
cortar (vt)	切る	kiru
fallo (m)	故障	koshō
reparación (f)	修理	shūri
reparar (vt)	修理する	shūri suru
regular, ajustar (vt)	調整する	chōsei suru
verificar (vt)	検査する	kensa suru
control (m)	検査	kensa
lectura (f) (~ del contador)	検針値	kenshin chi
fiable (máquina)	信頼性の	shinrai sei no
complicado (adj)	複雑な	fukuzatsu na
oxidarse (vr)	さびる [錆びる]	sabiru
oxidado (adj)	さびた [錆びた]	sabi ta
óxido (m)	さび [錆]	sabi

El transporte

105. El avión

avión (m)	航空機	kōkūki
billete (m) de avión	航空券	kōkū ken
compañía (f) aérea	航空会社	kōkū gaisha
aeropuerto (m)	空港	kūkō
supersónico (adj)	超音速の	chō onsoku no
comandante (m)	機長	kichō
tripulación (f)	乗務員	jōmu in
piloto (m)	パイロット	pairotto
azafata (f)	客室乗務員	kyakushitsu jōmu in
navegador (m)	航空士	kōkū shi
alas (f pl)	翼	tsubasa
cola (f)	尾部	o bu
cabina (f)	コックピット	kokkupitto
motor (m)	エンジン	enjin
tren (m) de aterrizaje	着陸装置	chakuriku sōchi
turbina (f)	タービン	tābin
hélice (f)	プロペラ	puropera
caja (f) negra	ブラックボックス	burakku bokkusu
timón (m)	操縦ハンドル	sōjū handoru
combustible (m)	燃料	nenryō
instructivo (m) de seguridad	安全のしおり	anzen no shiori
respirador (m) de oxígeno	酸素マスク	sanso masuku
uniforme (m)	制服	seifuku
chaleco (m) salvavidas	ライフジャケット	raifu jaketto
paracaídas (m)	落下傘	rakkasan
despegue (m)	離陸	ririku
despegar (vi)	離陸する	ririku suru
pista (f) de despegue	滑走路	kassō ro
visibilidad (f)	視程	shitei
vuelo (m)	飛行	hikō
altura (f)	高度	kōdo
pozo (m) de aire	エアポケット	eapoketto
asiento (m)	席	seki
auriculares (m pl)	ヘッドホン	heddohon
mesita (f) plegable	折りたたみ式のテーブル	oritatami shiki no tēburu
ventana (f)	機窓	kisō
pasillo (m)	通路	tsūro

106. El tren

tren (m)	列車	ressha
tren (m) eléctrico	通勤列車	tsūkin ressha
tren (m) rápido	高速鉄道	kōsoku tetsudō
locomotora (f) diésel	ディーゼル機関車	dīzeru kikan sha
tren (m) de vapor	蒸気機関車	jōki kikan sha
coche (m)	客車	kyakusha
coche (m) restaurante	食堂車	shokudō sha
rieles (m pl)	レール	rēru
ferrocarril (m)	鉄道	tetsudō
traviesa (f)	枕木	makuragi
plataforma (f)	ホーム	hōmu
vía (f)	線路	senro
semáforo (m)	鉄道信号機	tetsudō shingō ki
estación (f)	駅	eki
maquinista (m)	機関士	kikan shi
maletero (m)	ポーター	pōtā
mozo (m) del vagón	車掌	shashō
pasajero (m)	乗客	jōkyaku
revisor (m)	検札係	kensatsu gakari
corredor (m)	通路	tsūro
freno (m) de urgencia	非常ブレーキ	hijō burēki
compartimiento (m)	コンパートメント	konpātomento
litera (f)	寝台	shindai
litera (f) de arriba	上段寝台	jōdan shindai
litera (f) de abajo	下段寝台	gedan shindai
ropa (f) de cama	リネン	rinen
billete (m)	乗車券	jōsha ken
horario (m)	時刻表	jikoku hyō
pantalla (f) de información	発車標	hassha shirube
partir (vi)	発車する	hassha suru
partida (f) (del tren)	発車	hassha
llegar (tren)	到着する	tōchaku suru
llegada (f)	到着	tōchaku
llegar en tren	電車で来る	densha de kuru
tomar el tren	電車に乗る	densha ni noru
bajar del tren	電車をおりる	densha wo oriru
descarrilamiento (m)	鉄道事故	tetsudō jiko
descarrilarse (vr)	脱線する	dassen suru
tren (m) de vapor	蒸気機関車	jōki kikan sha
fogonero (m)	火夫	kafu
hogar (m)	火室	kashitsu
carbón (m)	石炭	sekitan

107. El barco

buque (m)	船舶	senpaku
navío (m)	大型船	ōgata sen
buque (m) de vapor	蒸気船	jōki sen
motonave (m)	川船	kawabune
trasatlántico (m)	遠洋定期船	enyō teiki sen
crucero (m)	クルーザー	kurūzā
yate (m)	ヨット	yotto
remolcador (m)	曳船	eisen
barcaza (f)	艀、バージ	hashike, bāji
ferry (m)	フェリー	ferī
velero (m)	帆船	hansen
bergantín (m)	ブリガンティン	burigantin
rompehielos (m)	砕氷船	saihyō sen
submarino (m)	潜水艦	sensui kan
bote (m) de remo	ボート	bōto
bote (m)	ディンギー	dingī
bote (m) salvavidas	救命艇	kyūmei tei
lancha (f) motora	モーターボート	mōtābōto
capitán (m)	船長	senchō
marinero (m)	船員	senin
marino (m)	水夫	suifu
tripulación (f)	乗組員	norikumi in
contramaestre (m)	ボースン	bōsun
grumete (m)	キャビンボーイ	kyabin bōi
cocinero (m) de abordo	船のコック	fune no kokku
médico (m) del buque	船医	seni
cubierta (f)	甲板	kanpan
mástil (m)	マスト	masuto
vela (f)	帆	ho
bodega (f)	船倉	funagura
proa (f)	船首	senshu
popa (f)	船尾	senbi
remo (m)	櫂	kai
hélice (f)	プロペラ	puropera
camarote (m)	船室	senshitsu
sala (f) de oficiales	士官室	shikan shitsu
sala (f) de máquinas	機関室	kikan shitsu
puente (m) de mando	船橋	funabashi
sala (f) de radio	無線室	musen shitsu
onda (f)	電波	denpa
cuaderno (m) de bitácora	航海日誌	kōkai nisshi
anteojo (m)	単眼望遠鏡	tangan bōenkyō
campana (f)	船鐘	funekane

bandera (f)	旗	hata
cabo (m) (maroma)	ロープ	rōpu
nudo (m)	結び目	musubime
pasamano (m)	手摺	tesuri
pasarela (f)	舷門	genmon
ancla (f)	錨［いかり］	ikari
levar ancla	錨をあげる	ikari wo ageru
echar ancla	錨を下ろす	ikari wo orosu
cadena (f) del ancla	錨鎖	byōsa
puerto (m)	港	minato
embarcadero (m)	埠頭	futō
amarrar (vt)	係留する	keiryū suru
desamarrar (vt)	出航する	shukkō suru
viaje (m)	旅行	ryokō
crucero (m) (viaje)	クルーズ	kurūzu
derrota (f) (rumbo)	針路	shinro
itinerario (m)	船のルート	fune no rūto
canal (m) navegable	航路	kōro
bajío (m)	浅瀬	asase
encallar (vi)	浅瀬に乗り上げる	asase ni noriageru
tempestad (f)	嵐	arashi
señal (f)	信号	shingō
hundirse (vr)	沈没する	chinbotsu suru
¡Hombre al agua!	落水したぞ！	ochimizu shi ta zo!
SOS	ＳＯＳ	esuōesu
aro (m) salvavidas	救命浮輪	kyūmei ukiwa

108. El aeropuerto

aeropuerto (m)	空港	kūkō
avión (m)	航空機	kōkūki
compañía (f) aérea	航空会社	kōkū gaisha
controlador (m) aéreo	航空管制官	kōkū kansei kan
despegue (m)	出発	shuppatsu
llegada (f)	到着	tōchaku
llegar (en avión)	到着する	tōchaku suru
hora (f) de salida	出発時刻	shuppatsu jikoku
hora (f) de llegada	到着時刻	tōchaku jikoku
retrasarse (vr)	遅れる	okureru
retraso (m) de vuelo	フライトの遅延	furaito no chien
pantalla (f) de información	フライト情報	furaito jōhō
información (f)	案内	annai
anunciar (vt)	アナウンスする	anaunsu suru
vuelo (m)	フライト	furaito

aduana (f)	税関	zeikan
aduanero (m)	税関吏	zeikanri
declaración (f) de aduana	税関申告	zeikan shinkoku
rellenar (vt)	記入する	kinyū suru
rellenar la declaración	申告書を記入する	shinkoku sho wo kinyū suru
control (m) de pasaportes	入国審査	nyūkoku shinsa
equipaje (m)	荷物	nimotsu
equipaje (m) de mano	持ち込み荷物	mochikomi nimotsu
carrito (m) de equipaje	荷物カート	nimotsu kāto
aterrizaje (m)	着陸	chakuriku
pista (f) de aterrizaje	滑走路	kassō ro
aterrizar (vi)	着陸する	chakuriku suru
escaleras (f pl) (de avión)	タラップ	tarappu
facturación (f) (check-in)	チェックイン	chekkuin
mostrador (m) de facturación	チェックインカウンター	chekkuin kauntā
hacer el check-in	チェックインする	chekkuin suru
tarjeta (f) de embarque	搭乗券	tōjō ken
puerta (f) de embarque	出発ゲート	shuppatsu gēto
tránsito (m)	乗り継ぎ	noritsugi
esperar (aguardar)	待つ	matsu
zona (f) de preembarque	出発ロビー	shuppatsu robī
despedir (vt)	見送る	miokuru
despedirse (vr)	別れを告げる	wakare wo tsugeru

Acontecimentos de la vida

109. Los días festivos. Los eventos

fiesta (f)	祝日	shukujitsu
fiesta (f) nacional	国民の祝日	kokumin no shukujitsu
día (m) de fiesta	公休	kōkyū
festejar (vt)	記念する	kinen suru
evento (m)	出来事	dekigoto
medida (f)	イベント	ibento
banquete (m)	宴会	enkai
recepción (f)	レセプション	resepushon
festín (m)	ご馳走［ごちそう］	gochisō
aniversario (m)	記念日	kinen bi
jubileo (m)	ジュビリー	jubirī
celebrar (vt)	祝う	iwau
Año (m) Nuevo	元日	ganjitsu
¡Feliz Año Nuevo!	明けましておめでとうございます	akemashite omedetō gozaimasu
Papá Noel (m)	サンタクロース	santa kurōsu
Navidad (f)	クリスマス	kurisumasu
¡Feliz Navidad!	メリークリスマス！	merī kurisumasu!
árbol (m) de Navidad	クリスマスツリー	kurisumasutsurī
fuegos (m pl) artificiales	花火	hanabi
boda (f)	結婚式	kekkonshiki
novio (m)	花婿	hanamuko
novia (f)	花嫁	hanayome
invitar (vt)	招待する	shōtai suru
tarjeta (f) de invitación	招待状	shōtai jō
invitado (m)	客	kyaku
visitar (vt) (a los amigos)	訪ねる	tazuneru
recibir a los invitados	来客を迎える	raikyaku wo mukaeru
regalo (m)	贈り物、プレゼント	okurimono, purezento
regalar (vt)	おくる（贈る）	okuru
recibir regalos	プレゼントをもらう	purezento wo morau
ramo (m) de flores	花束	hanataba
felicitación (f)	祝辞	shukuji
felicitar (vt)	祝う	iwau
tarjeta (f) de felicitación	グリーティングカード	gurītingu kādo
enviar una tarjeta	はがきを送る	hagaki wo okuru

recibir una tarjeta	はがきを受け取る	hagaki wo uketoru
brindis (m)	祝杯	shukuhai
ofrecer (~ una copa)	…に一杯おごる	… ni ippai ogoru
champaña (f)	シャンパン	shanpan

divertirse (vr)	楽しむ	tanoshimu
diversión (f)	歓楽	kanraku
alegría (f) (emoción)	喜び	yorokobi

| baile (m) | ダンス | dansu |
| bailar (vi, vt) | 踊る | odoru |

| vals (m) | ワルツ | warutsu |
| tango (m) | タンゴ | tango |

110. Los funerales. El entierro

cementerio (m)	墓地	bochi
tumba (f)	墓	haka
cruz (f)	十字架	jūjika
lápida (f)	墓石	boseki
verja (f)	柵	saku
capilla (f)	チャペル	chaperu

muerte (f)	死	shi
morir (vi)	死ぬ	shinu
difunto (m)	死者	shisha
luto (m)	喪	mo

enterrar (vt)	葬る	hōmuru
funeraria (f)	葬儀社	sōgi sha
entierro (m)	葬儀	sōgi

corona (f) funeraria	葬式の花輪	sōshiki no hanawa
ataúd (m)	棺	hitsugi
coche (m) fúnebre	霊柩車	reikyūsha
mortaja (f)	埋葬布	maisō nuno

cortejo (m) fúnebre	葬列	sōretsu
urna (f) funeraria	骨壺	kotsutsubo
crematorio (m)	火葬場	kasō jō

necrología (f)	死亡記事	shibō kiji
llorar (vi)	泣く	naku
sollozar (vi)	むせび泣く	musebinaku

111. La guerra. Los soldados

sección (f)	小隊	shōtai
compañía (f)	中隊	chūtai
regimiento (m)	連隊	rentai
ejército (m)	陸軍	rikugun

división (f)	師団	shidan
destacamento (m)	分隊	buntai
hueste (f)	軍隊	guntai
soldado (m)	兵士	heishi
oficial (m)	士官	shikan
soldado (m) raso	二等兵	nitōhei
sargento (m)	軍曹	gunsō
teniente (m)	中尉	chūi
capitán (m)	大尉	taī
mayor (m)	少佐	shōsa
coronel (m)	大佐	taisa
general (m)	将官	shōkan
marino (m)	水兵	suihei
capitán (m)	艦長	kanchō
contramaestre (m)	ボースン	bōsun
artillero (m)	砲兵	hōhei
paracaidista (m)	落下傘兵	rakkasan hei
piloto (m)	パイロット	pairotto
navegador (m)	航空士	kōkū shi
mecánico (m)	整備士	seibi shi
zapador (m)	地雷工兵	jirai kōhei
paracaidista (m)	落下傘兵	rakkasan hei
explorador (m)	偵察斥候	teisatsu sekkō
francotirador (m)	狙撃兵	sogeki hei
patrulla (f)	パトロール	patorōru
patrullar (vi, vt)	パトロールする	patorōru suru
centinela (m)	番兵	banpei
guerrero (m)	戦士	senshi
patriota (m)	愛国者	aikoku sha
héroe (m)	英雄	eiyū
heroína (f)	英雄	eiyū
traidor (m)	裏切り者	uragirimono
traicionar (vt)	裏切る	uragiru
desertor (m)	脱走兵	dassō hei
desertar (vi)	脱走する	dassō suru
mercenario (m)	傭兵	yōhei
recluta (m)	新兵	shinpei
voluntario (m)	志願兵	shigan hei
muerto (m)	死者	shisha
herido (m)	負傷者	fushō sha
prisionero (m)	捕虜	horyo

112. La guerra. Las maniobras militares. Unidad 1

guerra (f)	戦争	sensō
estar en guerra	戦争中である	sensō chū de aru

guerra (f) civil	内戦	naisen
pérfidamente (adv)	裏切って	uragitte
declaración (f) de guerra	宣戦布告	sensen fukoku
declarar (~ la guerra)	布告する	fukoku suru
agresión (f)	武力侵略	buryoku shinrya ku
atacar (~ a un país)	攻撃する	kōgeki suru
invadir (vt)	侵略する	shinrya ku suru
invasor (m)	侵略軍	shinrya ku gun
conquistador (m)	征服者	seifuku sha
defensa (f)	防衛	bōei
defender (vt)	防衛する	bōei suru
defenderse (vr)	身を守る	mi wo mamoru
enemigo (m)	敵	teki
adversario (m)	かたき	kataki
enemigo (adj)	敵の	teki no
estrategia (f)	戦略	senryaku
táctica (f)	戦術	senjutsu
orden (f)	命令	meirei
comando (m)	命令	meirei
ordenar (vt)	命令する	meirei suru
misión (f)	任務	ninmu
secreto (adj)	秘密の	himitsu no
batalla (f)	戦い	tatakai
combate (m)	戦闘	sentō
ataque (m)	攻撃	kōgeki
asalto (m)	突入	totsunyū
tomar por asalto	突入する	totsunyū suru
asedio (m), sitio (m)	包囲	hōi
ofensiva (f)	攻勢	kōsei
tomar la ofensiva	攻勢に出る	kōsei ni deru
retirada (f)	撤退	tettai
retirarse (vr)	撤退する	tettai suru
envolvimiento (m)	包囲	hōi
cercar (vt)	包囲する	hōi suru
bombardeo (m)	爆撃	bakugeki
lanzar una bomba	爆弾を投下する	bakudan wo tōka suru
bombear (vt)	爆撃する	bakugeki suru
explosión (f)	爆発	bakuhatsu
tiro (m), disparo (m)	発砲	happō
disparar (vi)	発砲する	happō suru
tiroteo (m)	砲火	hōka
apuntar a ...	狙う	nerau
encarar (apuntar)	向ける	mukeru

alcanzar (el objetivo)	命中する	meichū suru
hundir (vt)	撃沈する	gekichin suru
brecha (f) (~ en el casco)	穴	ana
hundirse (vr)	沈没する	chinbotsu suru
frente (m)	戦線	sensen
evacuación (f)	避難	hinan
evacuar (vt)	避難する	hinan suru
trinchera (f)	塹壕	zangō
alambre (m) de púas	有刺鉄線	yūshitessen
barrera (f) (~ antitanque)	障害物	shōgai butsu
torre (f) de vigilancia	監視塔	kanshi tō
hospital (m)	軍病院	gun byōin
herir (vt)	負傷させる	fushō saseru
herida (f)	負傷	fushō
herido (m)	負傷者	fushō sha
recibir una herida	負傷する	fushō suru
grave (herida)	重い	omoi

113. La guerra. Las maniobras militares. Unidad 2

cautiverio (m)	捕虜	horyo
capturar (vt)	捕虜にする	horyo ni suru
estar en cautiverio	捕虜になる	horyo ni naru
caer prisionero	捕虜にされる	horyo ni sareru
campo (m) de concentración	強制収容所	kyōsei shūyō sho
prisionero (m)	捕虜	horyo
escapar (de cautiverio)	逃げる	nigeru
traicionar (vt)	裏切る	uragiru
traidor (m)	裏切り者	uragirimono
traición (f)	裏切り	uragiri
fusilar (vt)	銃殺する	jūsatsu suru
fusilamiento (m)	銃殺刑	jūsatsu kei
equipo (m) (uniforme, etc.)	軍服	gunpuku
hombrera (f)	肩章	kenshō
máscara (f) antigás	ガスマスク	gasumasuku
radio transmisor (m)	軍用無線	gunyō musen
cifra (f) (código)	暗号	angō
conspiración (f)	秘密	himitsu
contraseña (f)	パスワード	pasuwādo
mina (f) terrestre	地雷	jirai
minar (poner minas)	地雷を仕掛ける	jirai wo shikakeru
campo (m) minado	地雷原	jirai hara
alarma (f) aérea	空襲警報	kūshū keihō
alarma (f)	警報	keihō

| señal (f) | 信号 | shingō |
| cohete (m) de señales | 信号弾 | shingō dan |

estado (m) mayor	本部	honbu
reconocimiento (m)	偵察	teisatsu
situación (f)	事態	jitai
informe (m)	報告	hōkoku
emboscada (f)	奇襲	kishū
refuerzo (m)	増援	zōen

blanco (m)	標的	hyōteki
terreno (m) de prueba	実験場	jikken jō
maniobras (f pl)	軍事演習	gunji enshū

pánico (m)	パニック	panikku
devastación (f)	荒廃	kōhai
destrucciones (f pl)	廃虚	haikyo
destruir (vt)	廃虚にする	haikyo ni suru

sobrevivir (vi, vt)	生き残る	ikinokoru
desarmar (vt)	武装解除する	busō kaijo suru
manejar (un arma)	扱う	atsukau

| ¡Firmes! | 気をつけ | ki wo tsuke |
| ¡Descanso! | 休め | yasume |

hazaña (f)	功績	kōseki
juramento (m)	誓い	chikai
jurar (vt)	誓う	chikau

condecoración (f)	勲章	kunshō
condecorar (vt)	授ける	sazukeru
medalla (f)	メダル	medaru
orden (f) (~ de Merito)	勲章	kunshō

victoria (f)	戦勝	senshō
derrota (f)	敗北	haiboku
armisticio (m)	休戦	kyūsen

bandera (f)	旗	hata
gloria (f)	栄光	eikō
desfile (m) militar	行進	kōshin
marchar (desfilar)	行進する	kōshin suru

114. Las armas

arma (f)	兵器	heiki
arma (f) de fuego	火器	kaki
arma (f) blanca	冷兵器	reiheiki

arma (f) química	化学兵器	kagaku heiki
nuclear (adj)	核…	kaku …
arma (f) nuclear	核兵器	kakuheiki
bomba (f)	爆弾	bakudan

bomba (f) atómica	原子爆弾	genshi bakudan
pistola (f)	拳銃、ピストル	kenjū, pisutoru
fusil (m)	ライフル	raifuru
metralleta (f)	サブマシンガン	sabumashin gan
ametralladora (f)	マシンガン	mashin gan
boca (f)	銃口	jūkō
cañón (m) (del arma)	砲身	hōshin
calibre (m)	口径	kōkei
gatillo (m)	トリガー	torigā
alza (f)	照準器	shōjun ki
cargador (m)	弾倉	dansō
culata (f)	台尻	daijiri
granada (f) de mano	手榴弾	shuryūdan
explosivo (m)	爆発物	bakuhatsu butsu
bala (f)	弾	tama
cartucho (m)	実弾	jitsudan
carga (f)	装薬	sō yaku
pertrechos (m pl)	弾薬	danyaku
bombardero (m)	爆撃機	bakugeki ki
avión (m) de caza	戦闘機	sentō ki
helicóptero (m)	ヘリコプター	herikoputā
antiaéreo (m)	対空砲	taikū hō
tanque (m)	戦車	sensha
cañón (m) (de un tanque)	戦車砲	sensha hō
artillería (f)	砲兵	hōhei
cañón (m) (arma)	大砲	taihō
dirigir (un misil, etc.)	狙いを定める	nerai wo sadameru
obús (m)	砲弾	hōdan
bomba (f) de mortero	迫撃砲弾	hakugeki hō dan
mortero (m)	迫撃砲	hakugeki hō
trozo (m) de obús	砲弾の破片	hōdan no hahen
submarino (m)	潜水艦	sensui kan
torpedo (m)	魚雷	gyorai
misil (m)	ミサイル	misairu
cargar (pistola)	装填する	sōten suru
tirar (vi)	撃つ	utsu
apuntar a ...	向ける	mukeru
bayoneta (f)	銃剣	jūken
espada (f) (duelo a ~)	エペ	epe
sable (m)	サーベル	sāberu
lanza (f)	槍	yari
arco (m)	弓	yumi
flecha (f)	矢	ya
mosquete (m)	マスケット銃	masuketto jū
ballesta (f)	石弓	ishiyumi

115. Los pueblos antiguos

primitivo (adj)	原始の	genshi no
prehistórico (adj)	先史時代の	senshi jidai no
antiguo (adj)	古代の	kodai no
Edad (f) de Piedra	石器時代	sekki jidai
Edad (f) de Bronce	青銅器時代	seidōki jidai
Edad (f) de Hielo	氷河時代	hyōga jidai
tribu (f)	部族	buzoku
caníbal (m)	人食い人種	hito kui jin shi
cazador (m)	狩人	karyūdo
cazar (vi, vt)	狩る	karu
mamut (m)	マンモス	manmosu
caverna (f)	洞窟	dōkutsu
fuego (m)	火	hi
hoguera (f)	焚火	takibi
pintura (f) rupestre	岩壁画	iwa hekiga
útil (m)	道具	dōgu
lanza (f)	槍	yari
hacha (f) de piedra	石斧	sekifu
estar en guerra	戦争中である	sensō chū de aru
domesticar (vt)	飼い慣らす	kainarasu
ídolo (m)	偶像	gūzō
adorar (vt)	崇拝する	sūhai suru
superstición (f)	迷信	meishin
rito (m)	儀式	gishiki
evolución (f)	進化	shinka
desarrollo (m)	発達	hattatsu
desaparición (f)	絶滅	zetsumetsu
adaptarse (vr)	適応する	tekiō suru
arqueología (f)	考古学	kōkogaku
arqueólogo (m)	考古学者	kōkogakusha
arqueológico (adj)	考古学の	kōkogaku no
sitio (m) de excavación	発掘現場	hakkutsu genba
excavaciones (f pl)	発掘	hakkutsu
hallazgo (m)	発見	hakken
fragmento (m)	一片	ippen

116. La edad media

pueblo (m)	民族	minzoku
pueblos (m pl)	民族	minzoku
tribu (f)	部族	buzoku
tribus (f pl)	部族	buzoku
bárbaros (m pl)	野蛮人	yaban jin

galos (m pl)	ガリア人	ga ria jin
godos (m pl)	ゴート人	gōto jin
eslavos (m pl)	スラヴ人	suravu jin
vikingos (m pl)	ヴァイキング	bai kingu
romanos (m pl)	ローマ人	rōma jin
romano (adj)	ローマの	rōma no
bizantinos (m pl)	ビザンティン人	bizantin jin
Bizancio (m)	ビザンチウム	bizanchiumu
bizantino (adj)	ビザンチンの	bizanchin no
emperador (m)	皇帝	kōtei
jefe (m)	リーダー	rīdā
poderoso (adj)	強力な	kyōryoku na
rey (m)	王	ō
gobernador (m)	支配者	shihai sha
caballero (m)	騎士	kishi
señor (m) feudal	封建領主	hōken ryōshu
feudal (adj)	封建時代の	hōken jidai no
vasallo (m)	臣下	shinka
duque (m)	公爵	kōshaku
conde (m)	伯爵	hakushaku
barón (m)	男爵	danshaku
obispo (m)	司教	shikyō
armadura (f)	よろい［鎧］	yoroi
escudo (m)	盾	tate
espada (f) (danza de ~s)	剣	ken
visera (f)	バイザー	baizā
cota (f) de malla	鎖帷子	kusarikatabira
cruzada (f)	十字軍	jūjigun
cruzado (m)	十字軍の戦士	jūjigun no senshi
territorio (m)	領土	ryōdo
atacar (~ a un país)	攻撃する	kōgeki suru
conquistar (vt)	征服する	seifuku suru
ocupar (invadir)	占領する	senryō suru
asedio (m), sitio (m)	包囲	hōi
sitiado (adj)	攻囲された	kōi sare ta
asediar, sitiar (vt)	攻囲する	kōi suru
inquisición (f)	宗教裁判	shūkyō saiban
inquisidor (m)	宗教裁判官	shūkyō saibankan
tortura (f)	拷問	gōmon
cruel (adj)	残酷な	zankoku na
hereje (m)	異端者	itan sha
herejía (f)	異端	itan
navegación (f) marítima	船旅	funatabi
pirata (m)	海賊	kaizoku
piratería (f)	海賊行為	kaizoku kōi

abordaje (m)	移乗攻撃	ijō kōgeki
botín (m)	戦利品	senri hin
tesoros (m pl)	宝	takara

descubrimiento (m)	発見	hakken
descubrir (tierras nuevas)	発見する	hakken suru
expedición (f)	探検	tanken

mosquetero (m)	銃士	jū shi
cardenal (m)	枢機卿	sūkikyō
heráldica (f)	紋章学	monshō gaku
heráldico (adj)	紋章の	monshō no

117. El líder. El jefe. Las autoridades

rey (m)	国王	kokuō
reina (f)	女王	joō
real (adj)	王室の	ōshitsu no
reino (m)	王国	ōkoku

| príncipe (m) | 王子 | ōji |
| princesa (f) | 王妃 | ōhi |

presidente (m)	大統領	daitōryō
vicepresidente (m)	副大統領	fuku daitōryō
senador (m)	上院議員	jōin gīn

monarca (m)	君主	kunshu
gobernador (m)	支配者	shihai sha
dictador (m)	独裁者	dokusai sha
tirano (m)	暴君	bōkun
magnate (m)	マグナート	magunāto

director (m)	責任者	sekinin sha
jefe (m)	長	chō
gerente (m)	管理者	kanri sha
amo (m)	ボス	bosu
dueño (m)	経営者	keieisha

jefe (m), líder (m)	リーダー	rīdā
jefe (m) (~ de delegación)	長	chō
autoridades (f pl)	当局	tōkyoku
superiores (m pl)	上司	jōshi

gobernador (m)	知事	chiji
cónsul (m)	領事	ryōji
diplomático (m)	外交官	gaikō kan
alcalde (m)	市長	shichō
sheriff (m)	保安官	hoan kan

emperador (m)	皇帝	kōtei
zar (m)	ツァーリ	tsāri
faraón (m)	ファラオ	farao
jan (m), kan (m)	ハン	han

118. Violar la ley. Los criminales. Unidad 1

bandido (m)	山賊	sanzoku
crimen (m)	犯罪	hanzai
criminal (m)	犯罪者	hanzai sha
ladrón (m)	泥棒	dorobō
robar (vt)	盗む	nusumu
robo (m) (actividad)	窃盗	settō
robo (m) (hurto)	泥棒	dorobō
secuestrar (vt)	誘拐する	yūkai suru
secuestro (m)	誘拐	yūkai
secuestrador (m)	誘拐犯	yūkai han
rescate (m)	身代金	minoshirokin
exigir un rescate	身代金を要求する	minoshirokin wo yōkyū suru
robar (vt)	強盗する	gōtō suru
robo (m)	強盗	gōtō
atracador (m)	強盗犯	gōtō han
extorsionar (vt)	恐喝する	kyōkatsu suru
extorsionista (m)	恐喝者	kyōkatsu sha
extorsión (f)	恐喝	kyōkatsu
matar, asesinar (vt)	殺す	korosu
asesinato (m)	殺人	satsujin
asesino (m)	殺人者	satsujin sha
tiro (m), disparo (m)	発砲	happō
disparar (vi)	発砲する	happō suru
matar (a tiros)	射殺する	shasatsu suru
tirar (vi)	撃つ	utsu
tiroteo (m)	射撃	shageki
incidente (m)	事件	jiken
pelea (f)	喧嘩	kenka
¡Socorro!	助けて！	tasuke te!
víctima (f)	被害者	higai sha
perjudicar (vt)	損害を与える	songai wo ataeru
daño (m)	損害	songai
cadáver (m)	死体	shitai
grave (un delito ~)	重い	omoi
atacar (vt)	攻撃する	kōgeki suru
pegar (golpear)	殴る	naguru
apporear (vt)	打ちのめす	uchinomesu
quitar (robar)	強奪する	gōdatsu suru
acuchillar (vt)	刺し殺す	sashikorosu
mutilar (vt)	重症を負わせる	jūshō wo owaseru
herir (vt)	負わせる	owaseru
chantaje (m)	恐喝	kyōkatsu
hacer chantaje	恐喝する	kyōkatsu suru

chantajista (m)	恐喝者	kyōkatsu sha
extorsión (f)	ゆすり	yusuri
extorsionador (m)	ゆすりを働く人	yusuri wo hataraku hito
gángster (m)	暴力団員	bōryokudan in
mafia (f)	マフィア	mafia

carterista (m)	すり	suri
ladrón (m) de viviendas	強盗	gōtō
contrabandismo (m)	密輸	mitsuyu
contrabandista (m)	密輸者	mitsuyu sha

falsificación (f)	偽造	gizō
falsificar (vt)	偽造する	gizō suru
falso (falsificado)	偽造の	gizō no

119. Violar la ley. Los criminales. Unidad 2

violación (f)	強姦	gōkan
violar (vt)	強姦する	gōkan suru
violador (m)	強姦犯	gōkan han
maníaco (m)	マニア	mania

prostituta (f)	売春婦	baishun fu
prostitución (f)	売春	baishun
chulo (m), proxeneta (m)	ポン引き	pon biki

| drogadicto (m) | 麻薬中毒者 | mayaku chūdoku sha |
| narcotraficante (m) | 麻薬の売人 | mayaku no bainin |

hacer explotar	爆発させる	bakuhatsu saseru
explosión (f)	爆発	bakuhatsu
incendiar (vt)	放火する	hōka suru
incendiario (m)	放火犯人	hōka hannin

terrorismo (m)	テロリズム	terorizumu
terrorista (m)	テロリスト	terorisuto
rehén (m)	人質	hitojichi

estafar (vt)	詐欺を働く	sagi wo hataraku
estafa (f)	詐欺	sagi
estafador (m)	詐欺師	sagi shi

sobornar (vt)	賄賂を渡す	wairo wo watasu
soborno (m) (delito)	賄賂の授受	wairo no juju
soborno (m) (dinero, etc.)	賄賂	wairo

veneno (m)	毒	doku
envenenar (vt)	…を毒殺する	… wo dokusatsu suru
envenenarse (vr)	毒薬を飲む	dokuyaku wo nomu

suicidio (m)	自殺	jisatsu
suicida (m, f)	自殺者	jisatsu sha
amenazar (vt)	脅す	odosu
amenaza (f)	脅し	odoshi

atentar (vi)	殺そうとする	koroso u to suru
atentado (m)	殺人未遂	satsujin misui
robar (un coche)	盗む	nusumu
secuestrar (un avión)	ハイジャックする	haijakku suru
venganza (f)	復讐	fukushū
vengar (vt)	復讐する	fukushū suru
torturar (vt)	拷問する	gōmon suru
tortura (f)	拷問	gōmon
atormentar (vt)	虐待する	gyakutai suru
pirata (m)	海賊	kaizoku
gamberro (m)	フーリガン	fūrigan
armado (adj)	武装した	busō shi ta
violencia (f)	暴力	bōryoku
ilegal (adj)	違法な	ihō na
espionaje (m)	スパイ行為	supai kōi
espiar (vi, vt)	スパイする	supai suru

120. La policía. La ley. Unidad 1

justicia (f)	司法	shihō
tribunal (m)	裁判所	saibansho
juez (m)	裁判官	saibankan
jurados (m pl)	陪審員	baishin in
tribunal (m) de jurados	陪審裁判	baishin saiban
juzgar (vt)	判決を下す	hanketsu wo kudasu
abogado (m)	弁護士	bengoshi
acusado (m)	被告人	hikoku jin
banquillo (m) de los acusados	被告席	hikoku seki
inculpación (f)	告発	kokuhatsu
inculpado (m)	被告人	hikoku jin
sentencia (f)	判決	hanketsu
sentenciar (vt)	判決を下す	hanketsu wo kudasu
culpable (m)	有罪の	yūzai no
castigar (vt)	処罰する	shobatsu suru
castigo (m)	処罰	shobatsu
multa (f)	罰金	bakkin
cadena (f) perpetua	終身刑	shūshin kei
pena (f) de muerte	死刑	shikei
silla (f) eléctrica	電気椅子	denki isu
horca (f)	絞首台	kōshu dai
ejecutar (vt)	処刑する	shokei suru
ejecución (f)	死刑	shikei

| prisión (f) | 刑務所 | keimusho |
| celda (f) | 独房 | dokubō |

escolta (f)	護送	gosō
guardia (m) de prisiones	刑務官	keimu kan
prisionero (m)	囚人	shūjin

| esposas (f pl) | 手錠 | tejō |
| esposar (vt) | 手錠をかける | tejō wo kakeru |

escape (m)	脱獄	datsugoku
escaparse (vr)	脱獄する	datsugoku suru
desaparecer (vi)	姿を消す	sugata wo kesu
liberar (vt)	放免する	hōmen suru
amnistía (f)	恩赦	onsha

policía (f) (~ nacional)	警察	keisatsu
policía (m)	警官	keikan
comisaría (f) de policía	警察署	keisatsu sho
porra (f)	警棒	keibō
megáfono (m)	拡声器	kakusei ki

coche (m) patrulla	パトロールカー	patorōrukā
sirena (f)	サイレン	sairen
poner la sirena	サイレンを鳴らす	sairen wo narasu
canto (m) de la sirena	サイレンの音	sairen no oto

escena (f) del delito	犯行現場	hankō genba
testigo (m)	目撃者	mokugeki sha
libertad (f)	自由	jiyū
cómplice (m)	共犯者	kyōhan sha
escapar de ...	逃走する	tōsō suru
rastro (m)	形跡	keiseki

121. La policía. La ley. Unidad 2

búsqueda (f)	捜査	sōsa
buscar (~ el criminal)	捜索する	sōsaku suru
sospecha (f)	嫌疑	kengi
sospechoso (adj)	不審な	fushin na
parar (~ en la calle)	止める	tomeru
retener (vt)	留置する	ryūchi suru

causa (f) (~ penal)	事件	jiken
investigación (f)	捜査	sōsa
detective (m)	探偵	tantei
investigador (m)	捜査官	sōsa kan
versión (f)	仮説	kasetsu

motivo (m)	動機	dōki
interrogatorio (m)	尋問	jinmon
interrogar (vt)	尋問する	jinmon suru
interrogar (al testigo)	尋問する	jinmon suru
control (m) (de vehículos, etc.)	身元確認	mimoto kakunin

redada (f)	一斉検挙	issei kenkyo
registro (m) (~ de la casa)	家宅捜索	kataku sōsaku
persecución (f)	追跡	tsuiseki
perseguir (vt)	追跡する	tsuiseki suru
rastrear (~ al criminal)	追う	ō
arresto (m)	逮捕	taiho
arrestar (vt)	逮捕する	taiho suru
capturar (vt)	捕まえる	tsukamaeru
captura (f)	捕獲	hokaku
documento (m)	文書	bunsho
prueba (f)	証拠	shōko
probar (vt)	証明する	shōmei suru
huella (f) (pisada)	足跡	ashiato
huellas (f pl) digitales	指紋	shimon
elemento (m) de prueba	一つの証拠	hitotsu no shōko
coartada (f)	アリバイ	aribai
inocente (no culpable)	無罪の	muzai no
injusticia (f)	不当	futō
injusto (adj)	不当な	futō na
criminal (adj)	犯罪の	hanzai no
confiscar (vt)	没収する	bosshū suru
narcótico (f)	麻薬	mayaku
arma (f)	兵器	heiki
desarmar (vt)	武装解除する	busō kaijo suru
ordenar (vt)	命令する	meirei suru
desaparecer (vi)	姿を消す	sugata wo kesu
ley (f)	法律	hōritsu
legal (adj)	合法の	gōhō no
ilegal (adj)	違法な	ihō na
responsabilidad (f)	責め	seme
responsable (adj)	責めを負うべき	seme wo ō beki

LA NATURALEZA

La tierra. Unidad 1

122. El espacio

cosmos (m)	宇宙	uchū
espacial, cósmico (adj)	宇宙の	uchū no
espacio (m) cósmico	宇宙空間	uchū kūkan
mundo (m)	世界	sekai
universo (m)	宇宙	uchū
galaxia (f)	銀河系	gingakei
estrella (f)	星	hoshi
constelación (f)	星座	seiza
planeta (m)	惑星	wakusei
satélite (m)	衛星	eisei
meteorito (m)	隕石	inseki
cometa (f)	彗星	suisei
asteroide (m)	小惑星	shōwakusei
órbita (f)	軌道	kidō
girar (vi)	公転する	kōten suru
atmósfera (f)	大気	taiki
Sol (m)	太陽	taiyō
Sistema (m) Solar	太陽系	taiyōkei
eclipse (m) de Sol	日食	nisshoku
Tierra (f)	地球	chikyū
Luna (f)	月	tsuki
Marte (m)	火星	kasei
Venus (f)	金星	kinsei
Júpiter (m)	木星	mokusei
Saturno (m)	土星	dosei
Mercurio (m)	水星	suisei
Urano (m)	天王星	tennōsei
Neptuno (m)	海王星	kaiōsei
Plutón (m)	冥王星	meiōsei
la Vía Láctea	天の川	amanogawa
la Osa Mayor	おおぐま座	ōguma za
la Estrella Polar	北極星	hokkyokusei
marciano (m)	火星人	kasei jin
extraterrestre (m)	宇宙人	uchū jin

| planetícola (m) | 異星人 | i hoshi jin |
| platillo (m) volante | 空飛ぶ円盤 | sora tobu enban |

nave (f) espacial	宇宙船	uchūsen
estación (f) orbital	宇宙ステーション	uchū sutēshon
despegue (m)	打ち上げ	uchiage

motor (m)	エンジン	enjin
tobera (f)	ノズル	nozuru
combustible (m)	燃料	nenryō

carlinga (f)	コックピット	kokkupitto
antena (f)	アンテナ	antena
ventana (f)	舷窓	gensō
batería (f) solar	太陽電池	taiyō denchi
escafandra (f)	宇宙服	uchū fuku

| ingravidez (f) | 無重力 | mu jūryoku |
| oxígeno (m) | 酸素 | sanso |

| atraque (m) | ドッキング | dokkingu |
| realizar el atraque | ドッキングする | dokkingu suru |

observatorio (m)	天文台	tenmondai
telescopio (m)	望遠鏡	bōenkyō
observar (vt)	観察する	kansatsu suru
explorar (~ el universo)	探索する	tansaku suru

123. La tierra

Tierra (f)	地球	chikyū
globo (m) terrestre	世界	sekai
planeta (m)	惑星	wakusei

atmósfera (f)	大気	taiki
geografía (f)	地理学	chiri gaku
naturaleza (f)	自然	shizen

globo (m) terráqueo	地球儀	chikyūgi
mapa (m)	地図	chizu
atlas (m)	地図帳	chizu chō

| Europa (f) | ヨーロッパ | yōroppa |
| Asia (f) | アジア | ajia |

| África (f) | アフリカ | afurika |
| Australia (f) | オーストラリア | ōsutoraria |

América (f)	アメリカ	amerika
América (f) del Norte	北アメリカ	kita amerika
América (f) del Sur	南アメリカ	minami amerika

| Antártida (f) | 南極大陸 | nankyokutairiku |
| Ártico (m) | 北極 | hokkyoku |

124. Los puntos cardinales

norte (m)	北	kita
al norte	北へ	kita he
en el norte	北に	kita ni
del norte (adj)	北の	kita no

sur (m)	南	minami
al sur	南へ	minami he
en el sur	南に	minami ni
del sur (adj)	南の	minami no

oeste (m)	西	nishi
al oeste	西へ	nishi he
en el oeste	西に	nishi ni
del oeste (adj)	西の	nishi no

este (m)	東	higashi
al este	東へ	higashi he
en el este	東に	higashi ni
del este (adj)	東の	higashi no

125. El mar. El océano

mar (m)	海	umi
océano (m)	海洋	kaiyō
golfo (m)	湾	wan
estrecho (m)	海峡	kaikyō

tierra (f) firme	乾燥地	kansō chi
continente (m)	大陸	tairiku
isla (f)	島	shima
península (f)	半島	hantō
archipiélago (m)	多島海	tatōkai

bahía (f)	入り江	irie
puerto (m)	泊地	hakuchi
laguna (f)	潟	kata
cabo (m)	岬	misaki

atolón (m)	環礁	kanshō
arrecife (m)	暗礁	anshō
coral (m)	サンゴ	sango
arrecife (m) de coral	サンゴ礁	sangoshō

profundo (adj)	深い	fukai
profundidad (f)	深さ	fuka sa
abismo (m)	深淵	shinen
fosa (f) oceánica	海溝	kaikō

corriente (f)	海流	kairyū
bañar (rodear)	取り囲む	torikakomu
orilla (f)	海岸	kaigan

costa (f)	沿岸	engan
flujo (m)	満潮	manchō
reflujo (m)	干潮	kanchō
banco (m) de arena	砂州	sasu
fondo (m)	底	soko
ola (f)	波	nami
cresta (f) de la ola	波頭	namigashira
espuma (f)	泡	awa
tempestad (f)	嵐	arashi
huracán (m)	ハリケーン	harikēn
tsunami (m)	津波	tsunami
bonanza (f)	凪	nagi
calmo, tranquilo	穏やかな	odayaka na
polo (m)	極地	kyokuchi
polar (adj)	極地の	kyokuchi no
latitud (f)	緯度	ido
longitud (f)	経度	keido
paralelo (m)	度線	dosen
ecuador (m)	赤道	sekidō
cielo (m)	空	sora
horizonte (m)	地平線	chiheisen
aire (m)	空気	kūki
faro (m)	灯台	tōdai
bucear (vi)	飛び込む	tobikomu
hundirse (vr)	沈没する	chinbotsu suru
tesoros (m pl)	宝	takara

126. Los nombres de los mares y los océanos

océano (m) Atlántico	大西洋	taiseiyō
océano (m) Índico	インド洋	indoyō
océano (m) Pacífico	太平洋	taiheiyō
océano (m) Glacial Ártico	北氷洋	kitakōriyō
mar (m) Negro	黒海	kokkai
mar (m) Rojo	紅海	kōkai
mar (m) Amarillo	黄海	kōkai
mar (m) Blanco	白海	hakkai
mar (m) Caspio	カスピ海	kasupikai
mar (m) Muerto	死海	shikai
mar (m) Mediterráneo	地中海	chichūkai
mar (m) Egeo	エーゲ海	ēgekai
mar (m) Adriático	アドリア海	adoriakai
mar (m) Arábigo	アラビア海	arabia kai
mar (m) del Japón	日本海	nihonkai

mar (m) de Bering	ベーリング海	bēringukai
mar (m) de la China Meridional	南シナ海	minami shinakai
mar (m) del Coral	珊瑚海	sangokai
mar (m) de Tasmania	タスマン海	tasumankai
mar (m) Caribe	カリブ海	karibukai
mar (m) de Barents	バレンツ海	barentsukai
mar (m) de Kara	カラ海	karakai
mar (m) del Norte	北海	hokkai
mar (m) Báltico	バルト海	barutokai
mar (m) de Noruega	ノルウェー海	noruwē umi

127. Las montañas

montaña (f)	山	yama
cadena (f) de montañas	山脈	sanmyaku
cresta (f) de montañas	山稜	sanryō
cima (f)	頂上	chōjō
pico (m)	とがった山頂	togatta sanchō
pie (m)	麓	fumoto
cuesta (f)	山腹	sanpuku
volcán (m)	火山	kazan
volcán (m) activo	活火山	kakkazan
volcán (m) apagado	休火山	kyūkazan
erupción (f)	噴火	funka
cráter (m)	噴火口	funkakō
magma (f)	岩漿、マグマ	ganshō, maguma
lava (f)	溶岩	yōgan
fundido (lava ~a)	溶…	yō …
cañón (m)	峡谷	kyōkoku
desfiladero (m)	峡谷	kyōkoku
grieta (f)	裂け目	sakeme
precipicio (m)	奈落の底	naraku no soko
puerto (m) (paso)	峠	tōge
meseta (f)	高原	kōgen
roca (f)	断崖	dangai
colina (f)	丘	oka
glaciar (m)	氷河	hyōga
cascada (f)	滝	taki
geiser (m)	間欠泉	kanketsusen
lago (m)	湖	mizūmi
llanura (f)	平原	heigen
paisaje (m)	風景	fūkei
eco (m)	こだま	kodama

alpinista (m)	登山家	tozan ka
escalador (m)	ロッククライマー	rokku kuraimā
conquistar (vt)	征服する	seifuku suru
ascensión (f)	登山	tozan

128. Los nombres de las montañas

Alpes (m pl)	アルプス山脈	arupusu sanmyaku
Montblanc (m)	モンブラン	monburan
Pirineos (m pl)	ピレネー山脈	pirenē sanmyaku
Cárpatos (m pl)	カルパティア山脈	karupatia sanmyaku
Urales (m pl)	ウラル山脈	uraru sanmyaku
Cáucaso (m)	コーカサス山脈	kōkasasu sanmyaku
Elbrus (m)	エルブルス山	eruburusu san
Altai (m)	アルタイ山脈	arutai sanmyaku
Tian-Shan (m)	天山山脈	amayama sanmyaku
Pamir (m)	パミール高原	pamīru kōgen
Himalayos (m pl)	ヒマラヤ	himaraya
Everest (m)	エベレスト	eberesuto
Andes (m pl)	アンデス山脈	andesu sanmyaku
Kilimanjaro (m)	キリマンジャロ	kirimanjaro

129. Los ríos

río (m)	川	kawa
manantial (m)	泉	izumi
lecho (m) (curso de agua)	川床	kawadoko
cuenca (f) fluvial	流域	ryūiki
desembocar en …	…に流れ込む	… ni nagarekomu
afluente (m)	支流	shiryū
ribera (f)	川岸	kawagishi
corriente (f)	流れ	nagare
río abajo (adv)	下流の	karyū no
río arriba (adv)	上流の	jōryū no
inundación (f)	洪水	kōzui
riada (f)	氾濫	hanran
desbordarse (vr)	氾濫する	hanran suru
inundar (vt)	水浸しにする	mizubitashi ni suru
bajo (m) arenoso	浅瀬	asase
rápido (m)	急流	kyūryū
presa (f)	ダム	damu
canal (m)	運河	unga
lago (m) artificiale	ため池［溜池］	tameike
esclusa (f)	水門	suimon

cuerpo (m) de agua	水域	suīki
pantano (m)	沼地	numachi
ciénaga (m)	湿地	shicchi
remolino (m)	渦	uzu
arroyo (m)	小川	ogawa
potable (adj)	飲用の	inyō no
dulce (agua ~)	淡…	tan ...
hielo (m)	氷	kōri
helarse (el lago, etc.)	氷結する	hyōketsu suru

130. Los nombres de los ríos

Sena (m)	セーヌ川	sēnu gawa
Loira (m)	ロワール川	rowāru gawa
Támesis (m)	テムズ川	temuzu gawa
Rin (m)	ライン川	rain gawa
Danubio (m)	ドナウ川	donau gawa
Volga (m)	ヴォルガ川	voruga gawa
Don (m)	ドン川	don gawa
Lena (m)	レナ川	rena gawa
Río (m) Amarillo	黄河	kōga
Río (m) Azul	長江	chōkō
Mekong (m)	メコン川	mekon gawa
Ganges (m)	ガンジス川	ganjisu gawa
Nilo (m)	ナイル川	nairu gawa
Congo (m)	コンゴ川	kongo gawa
Okavango (m)	オカヴァンゴ川	okavango gawa
Zambeze (m)	ザンベジ川	zanbeji gawa
Limpopo (m)	リンポポ川	rinpopo gawa
Misisipí (m)	ミシシッピ川	mishishippi gawa

131. El bosque

bosque (m)	森林	shinrin
de bosque (adj)	森林の	shinrin no
espesura (f)	密林	mitsurin
bosquecillo (m)	木立	kodachi
claro (m)	空き地	akichi
maleza (f)	やぶ ［藪］	yabu
matorral (m)	低木地域	teiboku chīki
senda (f)	小道	komichi
barranco (m)	ガリ	gari
árbol (m)	木	ki

hoja (f)	葉	ha
follaje (m)	葉っぱ	happa
caída (f) de hojas	落葉	rakuyō
caer (las hojas)	落ちる	ochiru
cima (f)	木のてっぺん	kinoteppen
rama (f)	枝	eda
rama (f) (gruesa)	主枝	shushi
brote (m)	芽 [め]	me
aguja (f)	松葉	matsuba
piña (f)	松ぼっくり	matsubokkuri
agujero (m)	樹洞	kihora
nido (m)	巣	su
madriguera (f)	巣穴	su ana
tronco (m)	幹	miki
raíz (f)	根	ne
corteza (f)	樹皮	juhi
musgo (m)	コケ [苔]	koke
extirpar (vt)	根こそぎにする	nekosogi ni suru
talar (vt)	切り倒す	kiritaosu
deforestar (vt)	切り払う	kiriharau
tocón (m)	切り株	kirikabu
hoguera (f)	焚火	takibi
incendio (m)	森林火災	shinrin kasai
apagar (~ el incendio)	火を消す	hi wo kesu
guarda (m) forestal	森林警備隊員	shinrin keibi taīn
protección (f)	保護	hogo
proteger (vt)	保護する	hogo suru
cazador (m) furtivo	密漁者	mitsuryō sha
cepo (m)	罠	wana
recoger (setas)	摘み集める	tsumi atsumeru
recoger (bayas)	採る	toru
perderse (vr)	道に迷う	michi ni mayō

132. Los recursos naturales

recursos (m pl) naturales	天然資源	tennen shigen
minerales (m pl)	鉱物資源	kōbutsu shigen
depósitos (m pl)	鉱床	kōshō
yacimiento (m)	田	den
extraer (vt)	採掘する	saikutsu suru
extracción (f)	採掘	saikutsu
mineral (m)	鉱石	kōseki
mina (f)	鉱山	kōzan
pozo (m) de mina	立坑	tatekō
minero (m)	鉱山労働者	kōzan rōdō sha

gas (m)	ガス	gasu
gasoducto (m)	ガスパイプライン	gasu paipurain
petróleo (m)	石油	sekiyu
oleoducto (m)	石油パイプライン	sekiyu paipurain
torre (f) petrolera	油井	yusei
torre (f) de sondeo	油井やぐら	yusei ya gura
petrolero (m)	タンカー	tankā
arena (f)	砂	suna
caliza (f)	石灰岩	sekkaigan
grava (f)	砂利	jari
turba (f)	泥炭	deitan
arcilla (f)	粘土	nendo
carbón (m)	石炭	sekitan
hierro (m)	鉄	tetsu
oro (m)	金	kin
plata (f)	銀	gin
níquel (m)	ニッケル	nikkeru
cobre (m)	銅	dō
zinc (m)	亜鉛	aen
manganeso (m)	マンガン	mangan
mercurio (m)	水銀	suigin
plomo (m)	鉛	namari
mineral (m)	鉱物	kōbutsu
cristal (m)	水晶	suishō
mármol (m)	大理石	dairiseki
uranio (m)	ウラン	uran

La tierra. Unidad 2

133. El tiempo

tiempo (m)	天気	tenki
previsión (m) del tiempo	天気予報	tenki yohō
temperatura (f)	温度	ondo
termómetro (m)	温度計	ondo kei
barómetro (m)	気圧計	kiatsu kei
húmedo (adj)	湿度の	shitsudo no
humedad (f)	湿度	shitsudo
bochorno (m)	猛暑	mōsho
tórrido (adj)	暑い	atsui
hace mucho calor	暑いです	atsui desu
hace calor (templado)	暖かいです	atatakai desu
templado (adj)	暖かい	atatakai
hace frío	寒いです	samui desu
frío (adj)	寒い	samui
sol (m)	太陽	taiyō
brillar (vi)	照る	teru
soleado (un día ~)	晴れの	hare no
elevarse (el sol)	昇る	noboru
ponerse (vr)	沈む	shizumu
nube (f)	雲	kumo
nuboso (adj)	曇りの	kumori no
nubarrón (m)	雨雲	amagumo
nublado (adj)	どんよりした	donyori shi ta
lluvia (f)	雨	ame
está lloviendo	雨が降っている	ame ga futte iru
lluvioso (adj)	雨の	ame no
lloviznar (vi)	そぼ降る	sobofuru
aguacero (m)	土砂降りの雨	doshaburi no ame
chaparrón (m)	大雨	ōame
fuerte (la lluvia ~)	激しい	hageshī
charco (m)	水溜り	mizutamari
mojarse (vr)	ぬれる［濡れる］	nureru
niebla (f)	霧	kiri
nebuloso (adj)	霧の	kiri no
nieve (f)	雪	yuki
está nevando	雪が降っている	yuki ga futte iru

134. Los eventos climáticos severos. Los desastres naturales

tormenta (f)	雷雨	raiu
relámpago (m)	稲妻	inazuma
relampaguear (vi)	ピカッと光る	pikatto hikaru
trueno (m)	雷	kaminari
tronar (vi)	雷が鳴る	kaminari ga naru
está tronando	雷が鳴っている	kaminari ga natte iru
granizo (m)	ひょう [雹]	hyō
está granizando	ひょうが降っている	hyō ga futte iru
inundar (vt)	水浸しにする	mizubitashi ni suru
inundación (f)	洪水	kōzui
terremoto (m)	地震	jishin
sacudida (f)	震動	shindō
epicentro (m)	震源地	shingen chi
erupción (f)	噴火	funka
lava (f)	溶岩	yōgan
torbellino (m)	旋風	senpū
tornado (m)	竜巻	tatsumaki
tifón (m)	台風	taifū
huracán (m)	ハリケーン	harikēn
tempestad (f)	暴風	bōfū
tsunami (m)	津波	tsunami
ciclón (m)	サイクロン	saikuron
mal tiempo (m)	悪い天気	warui tenki
incendio (m)	火事	kaji
catástrofe (f)	災害	saigai
meteorito (m)	隕石	inseki
avalancha (f)	雪崩	nadare
alud (m) de nieve	雪崩	nadare
ventisca (f)	猛吹雪	mō fubuki
nevasca (f)	吹雪	fubuki

La fauna

135. Los mamíferos. Los predadores

carnívoro (m)	肉食獣	nikushoku juu
tigre (m)	トラ［虎］	tora
león (m)	ライオン	raion
lobo (m)	オオカミ	ōkami
zorro (m)	キツネ［狐］	kitsune
jaguar (m)	ジャガー	jagā
leopardo (m)	ヒョウ［豹］	hyō
guepardo (m)	チーター	chītā
pantera (f)	黒豹	kuro hyō
puma (f)	ピューマ	pyūma
leopardo (m) de las nieves	雪豹	yuki hyō
lince (m)	オオヤマネコ	ōyamaneko
coyote (m)	コヨーテ	koyōte
chacal (m)	ジャッカル	jakkaru
hiena (f)	ハイエナ	haiena

136. Los animales salvajes

animal (m)	動物	dōbutsu
bestia (f)	獣	shishi
ardilla (f)	リス	risu
erizo (m)	ハリネズミ［針鼠］	harinezumi
liebre (f)	ヘア	hea
conejo (m)	ウサギ［兎］	usagi
tejón (m)	アナグマ	anaguma
mapache (m)	アライグマ	araiguma
hámster (m)	ハムスター	hamusutā
marmota (f)	マーモット	māmotto
topo (m)	モグラ	mogura
ratón (m)	ネズミ	nezumi
rata (f)	ラット	ratto
murciélago (m)	コウモリ［蝙蝠］	kōmori
armiño (m)	オコジョ	okojo
cebellina (f)	クロテン	kuroten
marta (f)	マツテン	matsu ten
comadreja (f)	イタチ（鼬、鼬鼠）	itachi
visón (m)	ミンク	minku

| castor (m) | ビーバー | bībā |
| nutria (f) | カワウソ | kawauso |

caballo (m)	ウマ［馬］	uma
alce (m)	ヘラジカ（箆鹿）	herajika
ciervo (m)	シカ［鹿］	shika
camello (m)	ラクダ［駱駝］	rakuda

bisonte (m)	アメリカバイソン	amerika baison
uro (m)	ヨーロッパバイソン	yōroppa baison
búfalo (m)	水牛	suigyū

cebra (f)	シマウマ［縞馬］	shimauma
antílope (m)	レイヨウ	reiyō
corzo (m)	ノロジカ	noro jika
gamo (m)	ダマジカ	damajika
gamuza (f)	シャモア	shamoa
jabalí (m)	イノシシ［猪］	inoshishi

ballena (f)	クジラ［鯨］	kujira
foca (f)	アザラシ	azarashi
morsa (f)	セイウチ［海象］	seiuchi
oso (m) marino	オットセイ［膃肭臍］	ottosei
delfín (m)	いるか［海豚］	iruka

oso (m)	クマ［熊］	kuma
oso (m) blanco	ホッキョクグマ	hokkyokuguma
panda (f)	パンダ	panda

mono (m)	サル［猿］	saru
chimpancé (m)	チンパンジー	chinpanjī
orangután (m)	オランウータン	oranwutan
gorila (m)	ゴリラ	gorira
macaco (m)	マカク	makaku
gibón (m)	テナガザル	tenagazaru

elefante (m)	ゾウ［象］	zō
rinoceronte (m)	サイ［犀］	sai
jirafa (f)	キリン	kirin
hipopótamo (m)	カバ［河馬］	kaba

| canguro (m) | カンガルー | kangarū |
| koala (f) | コアラ | koara |

mangosta (f)	マングース	mangūsu
chinchilla (f)	チンチラ	chinchira
mofeta (f)	スカンク	sukanku
espín (m)	ヤマアラシ	yamārashi

137. Los animales domésticos

gata (f)	猫	neko
gato (m)	オス猫	osu neko
perro (m)	犬	inu

caballo (m)	ウマ [馬]	uma
garañón (m)	種馬	taneuma
yegua (f)	雌馬	meuma
vaca (f)	雌牛	meushi
toro (m)	雄牛	ōshi
buey (m)	去勢牛	kyosei ushi
oveja (f)	羊	hitsuji
carnero (m)	雄羊	ohitsuji
cabra (f)	ヤギ [山羊]	yagi
cabrón (m)	雄ヤギ	oyagi
asno (m)	ロバ	roba
mulo (m)	ラバ	raba
cerdo (m)	ブタ [豚]	buta
cerdito (m)	子豚	kobuta
conejo (m)	カイウサギ [飼兎]	kai usagi
gallina (f)	ニワトリ [鶏]	niwatori
gallo (m)	おんどり [雄鶏]	ondori
pato (m)	アヒル	ahiru
ánade (m)	雄アヒル	oahiru
ganso (m)	ガチョウ	gachō
pavo (m)	雄七面鳥	oshichimenchō
pava (f)	七面鳥 [シチメンチョウ]	shichimenchō
animales (m pl) domésticos	家畜	kachiku
domesticado (adj)	馴れた	nare ta
domesticar (vt)	かいならす	kainarasu
criar (vt)	飼養する	shiyō suru
granja (f)	農場	nōjō
aves (f pl) de corral	家禽	kakin
ganado (m)	畜牛	chiku gyū
rebaño (m)	群れ	mure
caballeriza (f)	馬小屋	umagoya
porqueriza (f)	豚小屋	buta goya
vaquería (f)	牛舎	gyūsha
conejal (m)	ウサギ小屋	usagi koya
gallinero (m)	鶏小屋	niwatori goya

138. Los pájaros

pájaro (m)	鳥	tori
paloma (f)	鳩 [ハト]	hato
gorrión (m)	スズメ（雀）	suzume
paro (m)	シジュウカラ [四十雀]	shijūkara
cotorra (f)	カササギ（鵲）	kasasagi
cuervo (m)	ワタリガラス [渡鴉]	watari garasu

corneja (f)	カラス [鴉]	karasu
chova (f)	ニシコクマルガラス	nishikokumaru garasu
grajo (m)	ミヤマガラス [深山烏]	miyama garasu
pato (m)	カモ [鴨]	kamo
ganso (m)	ガチョウ	gachō
faisán (m)	キジ	kiji
águila (f)	鷲	washi
azor (m)	鷹	taka
halcón (m)	ハヤブサ [隼]	hayabusa
buitre (m)	ハゲワシ	hagewashi
cóndor (m)	コンドル	kondoru
cisne (m)	白鳥 [ハクチョウ]	hakuchō
grulla (f)	鶴 [ツル]	tsuru
cigüeña (f)	シュバシコウ	shubashikō
loro (m), papagayo (m)	オウム	ōmu
colibrí (m)	ハチドリ [蜂鳥]	hachidori
pavo (m) real	クジャク [孔雀]	kujaku
avestruz (m)	ダチョウ [駝鳥]	dachō
garza (f)	サギ [鷺]	sagi
flamenco (m)	フラミンゴ	furamingo
pelícano (m)	ペリカン	perikan
ruiseñor (m)	サヨナキドリ	sayonakidori
golondrina (f)	ツバメ [燕]	tsubame
tordo (m)	ノハラツグミ	nohara tsugumi
zorzal (m)	ウタツグミ [歌鶫]	uta tsugumi
mirlo (m)	クロウタドリ	kurōtadori
vencejo (m)	アマツバメ [雨燕]	ama tsubame
alondra (f)	ヒバリ [雲雀]	hibari
codorniz (f)	ウズラ	uzura
pico (m)	キツツキ	kitsutsuki
cuco (m)	カッコウ [郭公]	kakkō
lechuza (f)	トラフズク	torafuzuku
búho (m)	ワシミミズク	washi mimizuku
urogallo (m)	ヨーロッパオオライチョウ	yōroppa ōraichō
gallo lira (m)	クロライチョウ	kuro raichō
perdiz (f)	ヨーロッパヤマウズラ	yōroppa yamauzura
estornino (m)	ムクドリ	mukudori
canario (m)	カナリア [金糸雀]	kanaria
ortega (f)	エゾライチョウ	ezo raichō
pinzón (m)	ズアオアトリ	zuaoatori
camachuelo (m)	ウソ [鷽]	uso
gaviota (f)	カモメ [鴎]	kamome
albatros (m)	アホウドリ	ahōdori
pingüino (m)	ペンギン	pengin

139. Los peces. Los animales marinos

brema (f)	ブリーム	burīmu
carpa (f)	コイ [鯉]	koi
perca (f)	ヨーロピアンパーチ	yōropian pāchi
siluro (m)	ナマズ	namazu
lucio (m)	カワカマス	kawakamasu
salmón (m)	サケ	sake
esturión (m)	チョウザメ [蝶鮫]	chōzame
arenque (m)	ニシン	nishin
salmón (m) del Atlántico	タイセイヨウサケ [大西洋鮭]	taiseiyō sake
caballa (f)	サバ [鯖]	saba
lenguado (m)	カレイ [鰈]	karei
lucioperca (m)	ザンダー	zandā
bacalao (m)	タラ [鱈]	tara
atún (m)	マグロ [鮪]	maguro
trucha (f)	マス [鱒]	masu
anguila (f)	ウナギ [鰻]	unagi
tembladera (f)	シビレエイ	shibireei
morena (f)	ウツボ [鱓]	utsubo
piraña (f)	ピラニア	pirania
tiburón (m)	サメ [鮫]	same
delfín (m)	イルカ [海豚]	iruka
ballena (f)	クジラ [鯨]	kujira
centolla (f)	カニ [蟹]	kani
medusa (f)	クラゲ [水母]	kurage
pulpo (m)	タコ [蛸]	tako
estrella (f) de mar	ヒトデ [海星]	hitode
erizo (m) de mar	ウニ [海胆]	uni
caballito (m) de mar	タツノオトシゴ	tatsunootoshigo
ostra (f)	カキ [牡蠣]	kaki
camarón (m)	エビ	ebi
bogavante (m)	イセエビ	iseebi
langosta (f)	スパイニーロブスター	supainī robusutā

140. Los anfibios. Los reptiles

serpiente (f)	ヘビ (蛇)	hebi
venenoso (adj)	毒…、有毒な	doku ..., yūdoku na
víbora (f)	クサリヘビ	kusarihebi
cobra (f)	コブラ	kobura
pitón (m)	ニシキヘビ	nishikihebi
boa (f)	ボア	boa
culebra (f)	ヨーロッパヤマカガシ	yōroppa yamakagashi

serpiente (m) de cascabel	ガラガラヘビ	garagarahebi
anaconda (f)	アナコンダ	anakonda
lagarto (f)	トカゲ [蜥蜴]	tokage
iguana (f)	イグアナ	iguana
varano (m)	オオトカゲ	ōtokage
salamandra (f)	サンショウウオ [山椒魚]	sanshōuo
camaleón (m)	カメレオン	kamereon
escorpión (m)	サソリ [蠍]	sasori
tortuga (f)	カメ [亀]	kame
rana (f)	蛙 [カエル]	kaeru
sapo (m)	ヒキガエル	hikigaeru
cocodrilo (m)	ワニ [鰐]	wani

141. Los insectos

insecto (m)	昆虫	konchū
mariposa (f)	チョウ [蝶]	chō
hormiga (f)	アリ [蟻]	ari
mosca (f)	ハエ [蠅]	hae
mosquito (m) (picadura de ~)	カ [蚊]	ka
escarabajo (m)	甲虫	kabutomushi
avispa (f)	ワスプ	wasupu
abeja (f)	ハチ [蜂]	hachi
abejorro (m)	マルハナバチ [丸花蜂]	maruhanabachi
moscardón (m)	アブ [虻]	abu
araña (f)	クモ [蜘蛛]	kumo
telaraña (f)	クモの巣	kumo no su
libélula (f)	トンボ [蜻蛉]	tonbo
saltamontes (m)	キリギリス	kirigirisu
mariposa (f) nocturna	ガ [蛾]	ga
cucaracha (f)	ゴキブリ [蜚蠊]	gokiburi
garrapata (f)	ダニ [壁蝨、蜱]	dani
pulga (f)	ノミ [蚤]	nomi
mosca (f) negra	ヌカカ [糠蚊]	nukaka
langosta (f)	バッタ [飛蝗]	batta
caracol (m)	カタツムリ [蝸牛]	katatsumuri
grillo (m)	コオロギ [蟋蟀、蛬]	kōrogi
luciérnaga (f)	ホタル [蛍、螢]	hotaru
mariquita (f)	テントウムシ [天道虫]	tentōmushi
escarabajo (m) sanjuanero	コフキコガネ	kofukikogane
sanguijuela (f)	ヒル [蛭]	hiru
oruga (f)	ケムシ [毛虫]	kemushi
gusano (m)	ミミズ [蚯蚓]	mimizu
larva (f)	幼虫	yōchū

La flora

142. Los árboles

árbol (m)	木	ki
foliáceo (adj)	落葉性の	rakuyō sei no
conífero (adj)	針葉樹の	shinyōju no
de hoja perenne	常緑の	jōryoku no
manzano (m)	りんごの木	ringonoki
peral (m)	洋梨の木	yōnashinoki
cerezo (m)	セイヨウミザクラ	seiyōmi zakura
guindo (m)	スミミザクラ	sumimi zakura
ciruelo (m)	プラムトリー	puramu torī
abedul (m)	カバノキ	kabanoki
roble (m)	オーク	ōku
tilo (m)	シナノキ［科の木］	shinanoki
pobo (m)	ヤマナラシ［山鳴らし］	yamanarashi
arce (m)	カエデ［楓］	kaede
picea (m)	スプルース	supurūsu
pino (m)	マツ［松］	matsu
alerce (m)	カラマツ［唐松］	karamatsu
abeto (m)	モミ［樅］	momi
cedro (m)	シダー	shidā
álamo (m)	ポプラ	popura
serbal (m)	ナナカマド	nanakamado
sauce (m)	ヤナギ［柳］	yanagi
aliso (m)	ハンノキ	hannoki
haya (f)	ブナ	buna
olmo (m)	ニレ［楡］	nire
fresno (m)	トネリコ［梣］	toneriko
castaño (m)	クリ［栗］	kuri
magnolia (f)	モクレン［木蓮］	mokuren
palmera (f)	ヤシ［椰子］	yashi
ciprés (m)	イトスギ［糸杉］	itosugi
mangle (m)	マングローブ	mangurōbu
baobab (m)	バオバブ	baobabu
eucalipto (m)	ユーカリ	yūkari
secoya (f)	セコイア	sekoia

143. Los arbustos

mata (f)	低木	teiboku
arbusto (m)	潅木	kanboku

vid (f)	ブドウ ［葡萄］	budō
viñedo (m)	ブドウ園 ［葡萄園］	budōen
frambueso (m)	ラズベリー	razuberī
grosella (f) negra	クロスグリ	kuro suguri
grosellero (f) rojo	フサスグリ	fusa suguri
grosellero (m) espinoso	セイヨウスグリ	seiyō suguri
acacia (f)	アカシア	akashia
berberís (m)	メギ	megi
jazmín (m)	ジャスミン	jasumin
enebro (m)	セイヨウネズ	seiyōnezu
rosal (m)	バラの木	baranoki
escaramujo (m)	イヌバラ	inu bara

144. Las frutas. Las bayas

fruto (m)	果物	kudamono
frutos (m pl)	果物	kudamono
manzana (f)	リンゴ	ringo
pera (f)	洋梨	yōnashi
ciruela (f)	プラム	puramu
fresa (f)	イチゴ（苺）	ichigo
guinda (f), cereza (f)	チェリー	cherī
guinda (f)	サワー チェリー	sawā cherī
cereza (f)	スイート チェリー	suīto cherī
uva (f)	ブドウ ［葡萄］	budō
frambuesa (f)	ラズベリー（木苺）	razuberī
grosella (f) negra	クロスグリ	kuro suguri
grosella (f) roja	フサスグリ	fusa suguri
grosella (f) espinosa	セイヨウスグリ	seiyō suguri
arándano (m) agrio	クランベリー	kuranberī
naranja (f)	オレンジ	orenji
mandarina (f)	マンダリン	mandarin
ananás (m)	パイナップル	painappuru
banana (f)	バナナ	banana
dátil (m)	デーツ	dētsu
limón (m)	レモン	remon
albaricoque (m)	アンズ ［杏子］	anzu
melocotón (m)	モモ ［桃］	momo
kiwi (m)	キウイ	kiui
pomelo (m)	グレープフルーツ	gurēbu furūtsu
baya (f)	ベリー	berī
bayas (f pl)	ベリー	berī
arándano (m) rojo	コケモモ	kokemomo
fresa (f) silvestre	ノイチゴ ［野いちご］	noichigo
arándano (m)	ビルベリー	biruberī

145. Las flores. Las plantas

flor (f)	花	hana
ramo (m) de flores	花束	hanataba
rosa (f)	バラ	bara
tulipán (m)	チューリップ	chūrippu
clavel (m)	カーネーション	kānēshon
gladiolo (m)	グラジオラス	gurajiorasu
aciano (m)	ヤグルマギク［矢車菊］	yagurumagiku
campanilla (f)	ホタルブクロ	hotarubukuro
diente (m) de león	タンポポ［蒲公英］	tanpopo
manzanilla (f)	カモミール	kamomīru
áloe (m)	アロエ	aroe
cacto (m)	サボテン	saboten
ficus (m)	イチジク	ichijiku
azucena (f)	ユリ［百合］	yuri
geranio (m)	ゼラニウム	zeranyūmu
jacinto (m)	ヒヤシンス	hiyashinsu
mimosa (f)	ミモザ	mimoza
narciso (m)	スイセン［水仙］	suisen
capuchina (f)	キンレンカ［金蓮花］	kinrenka
orquídea (f)	ラン［蘭］	ran
peonía (f)	シャクヤク［芍薬］	shakuyaku
violeta (f)	スミレ［菫］	sumire
trinitaria (f)	パンジー	panjī
nomeolvides (f)	ワスレナグサ［勿忘草］	wasurenagusa
margarita (f)	デイジー	deijī
amapola (f)	ポピー	popī
cáñamo (m)	アサ［麻］	asa
menta (f)	ミント	minto
muguete (m)	スズラン［鈴蘭］	suzuran
campanilla (f) de las nieves	スノードロップ	sunōdoroppu
ortiga (f)	イラクサ［刺草］	irakusa
acedera (f)	スイバ	suiba
nenúfar (m)	スイレン［睡蓮］	suiren
helecho (m)	シダ	shida
liquen (m)	地衣類	chī rui
invernadero (m) tropical	温室	onshitsu
césped (m)	芝生	shibafu
macizo (m) de flores	花壇	kadan
planta (f)	植物	shokubutsu
hierba (f)	草	kusa
hoja (f) de hierba	草の葉	kusa no ha

hoja (f)	葉	ha
pétalo (m)	花びら	hanabira
tallo (m)	茎	kuki
tubérculo (m)	塊茎	kaikei

| retoño (m) | シュート | shūto |
| espina (f) | 茎針 | kuki hari |

florecer (vi)	開花する	kaika suru
marchitarse (vr)	しおれる	shioreru
olor (m)	香り	kaori
cortar (vt)	切る	kiru
coger (una flor)	摘む	tsumamu

146. Los cereales, los granos

grano (m)	穀物	kokumotsu
cereales (m pl) (plantas)	禾穀類	kakokurui
espiga (f)	花穂	kasui

trigo (m)	コムギ［小麦］	komugi
centeno (m)	ライムギ［ライ麦］	raimugi
avena (f)	オーツムギ［オーツ麦］	ōtsu mugi
mijo (m)	キビ［黍］	kibi
cebada (f)	オオムギ［大麦］	ōmugi

maíz (m)	トウモロコシ	tōmorokoshi
arroz (m)	イネ［稲］	ine
alforfón (m)	ソバ［蕎麦］	soba

guisante (m)	エンドウ［豌豆］	endō
fréjol (m)	インゲンマメ［隠元豆］	ingen mame
soya (f)	ダイズ［大豆］	daizu
lenteja (f)	レンズマメ［レンズ豆］	renzu mame
habas (f pl)	豆類	mamerui

LOS PAÍSES. LAS NACIONALIDADES

147. Europa occidental

Europa (f)	ヨーロッパ	yōroppa
Unión (f) Europea	欧州連合	ōshū rengō
Austria (f)	オーストリア	ōsutoria
Gran Bretaña (f)	グレートブリテン島	gurētoburiten tō
Inglaterra (f)	イギリス	igirisu
Bélgica (f)	ベルギー	berugī
Alemania (f)	ドイツ	doitsu
Países Bajos (m pl)	ネーデルラント	nēderuranto
Holanda (f)	オランダ	oranda
Grecia (f)	ギリシャ	girisha
Dinamarca (f)	デンマーク	denmāku
Irlanda (f)	アイルランド	airurando
Islandia (f)	アイスランド	aisurando
España (f)	スペイン	supein
Italia (f)	イタリア	itaria
Chipre (m)	キプロス	kipurosu
Malta (f)	マルタ	maruta
Noruega (f)	ノルウェー	noruwē
Portugal (f)	ポルトガル	porutogaru
Finlandia (f)	フィンランド	finrando
Francia (f)	フランス	furansu
Suecia (f)	スウェーデン	suwēden
Suiza (f)	スイス	suisu
Escocia (f)	スコットランド	sukottorando
Vaticano (m)	バチカン	bachikan
Liechtenstein (m)	リヒテンシュタイン	rihitenshutain
Luxemburgo (m)	ルクセンブルク	rukusenburuku
Mónaco (m)	モナコ	monako

148. Europa central y oriental

Albania (f)	アルバニア	arubania
Bulgaria (f)	ブルガリア	burugaria
Hungría (f)	ハンガリー	hangarī
Letonia (f)	ラトビア	ratobia
Lituania (f)	リトアニア	ritoania
Polonia (f)	ポーランド	pōrando

Rumania (f)	ルーマニア	rūmania
Serbia (f)	セルビア	serubia
Eslovaquia (f)	スロバキア	surobakia

Croacia (f)	クロアチア	kuroachia
Chequia (f)	チェコ	cheko
Estonia (f)	エストニア	esutonia

Bosnia y Herzegovina	ボスニア・ヘルツェゴヴィナ	bosunia herutsegovina
Macedonia	マケドニア地方	makedonia chihō
Eslovenia	スロベニア	surobenia
Montenegro (m)	モンテネグロ	monteneguro

149. Los países de la antes Unión Soviética

Azerbaidzhán (m)	アゼルバイジャン	azerubaijan
Armenia (f)	アルメニア	arumenia

Bielorrusia (f)	ベラルーシー	berarūshī
Georgia (f)	グルジア	gurujia
Kazajstán (m)	カザフスタン	kazafusutan
Kirguizistán (m)	キルギス	kirugisu
Moldavia (f)	モルドヴァ	morudova

Rusia (f)	ロシア	roshia
Ucrania (f)	ウクライナ	ukuraina

Tayikistán (m)	タジキスタン	tajikisutan
Turkmenia (f)	トルクメニスタン	torukumenisutan
Uzbekistán (m)	ウズベキスタン	uzubekisutan

150. Asia

Asia (f)	アジア	ajia
Vietnam (m)	ベトナム	betonamu
India (f)	インド	indo
Israel (m)	イスラエル	isuraeru

China (f)	中国	chūgoku
Líbano (m)	レバノン	rebanon
Mongolia (f)	モンゴル	mongoru

Malasia (f)	マレーシア	marēshia
Pakistán (m)	パキスタン	pakisutan

Arabia (f) Saudita	サウジアラビア	saujiarabia
Tailandia (f)	タイ	tai
Taiwán (m)	台湾	taiwan
Turquía (f)	トルコ	toruko
Japón (m)	日本	nihon
Afganistán (m)	アフガニスタン	afuganisutan
Bangladesh (m)	バングラデシュ	banguradeshu

Indonesia (f)	インドネシア	indoneshia
Jordania (f)	ヨルダン	yorudan
Irak (m)	イラク	iraku
Irán (m)	イラン	iran
Camboya (f)	カンボジア	kanbojia
Kuwait (m)	クウェート	kuwēto
Laos (m)	ラオス	raosu
Myanmar (m)	ミャンマー	myanmā
Nepal (m)	ネパール	nepāru
Emiratos (m pl) Árabes Unidos	アラブ首長国連邦	arabu shuchō koku renpō
Siria (f)	シリア	shiria
Palestina (f)	パレスチナ	paresuchina
Corea (f) del Sur	大韓民国	daikanminkoku
Corea (f) del Norte	北朝鮮	kitachōsen

151. América del Norte

Estados Unidos de América (m pl)	アメリカ合衆国	amerika gasshūkoku
Canadá (f)	カナダ	kanada
Méjico (m)	メキシコ	mekishiko

152. Centroamérica y Sudamérica

Argentina (f)	アルゼンチン	aruzenchin
Brasil (f)	ブラジル	burajiru
Colombia (f)	コロンビア	koronbia
Cuba (f)	キューバ	kyūba
Chile (m)	チリ	chiri
Bolivia (f)	ボリビア	boribia
Venezuela (f)	ベネズエラ	benezuera
Paraguay (m)	パラグアイ	paraguai
Perú (m)	ペルー	perū
Surinam (m)	スリナム	surinamu
Uruguay (m)	ウルグアイ	uruguai
Ecuador (m)	エクアドル	ekuadoru
Islas (f pl) Bahamas	バハマ	bahama
Haití (m)	ハイチ	haichi
República (f) Dominicana	ドミニカ共和国	dominikakyōwakoku
Panamá (f)	パナマ	panama
Jamaica (f)	ジャマイカ	jamaika

153. África

Egipto (m)	エジプト	ejiputo
Marruecos (m)	モロッコ	morokko
Túnez (m)	チュニジア	chunijia

Ghana (f)	ガーナ	gāna
Zanzíbar (m)	ザンジバル	zanjibaru
Kenia (f)	ケニア	kenia
Libia (f)	リビア	ribia
Madagascar (m)	マダガスカル	madagasukaru

Namibia (f)	ナミビア	namibia
Senegal	セネガル	senegaru
Tanzania (f)	タンザニア	tanzania
República (f) Sudafricana	南アフリカ	minami afurika

154. Australia. Oceanía

| Australia (f) | オーストラリア | ōsutoraria |
| Nueva Zelanda (f) | ニュージーランド | nyūjīrando |

| Tasmania (f) | タスマニア | tasumania |
| Polinesia (f) Francesa | フランス領ポリネシア | furansu ryō porineshia |

155. Las ciudades

Ámsterdam	アムステルダム	amusuterudamu
Ankara	アンカラ	ankara
Atenas	アテネ	atene

Bagdad	バグダッド	bagudaddo
Bangkok	バンコク	bankoku
Barcelona	バルセロナ	baruserona
Beirut	ベイルート	beirūto
Berlín	ベルリン	berurin

Bombay	ムンバイ	munbai
Bonn	ボン	bon
Bratislava	ブラチスラヴァ	burachisurava
Bruselas	ブリュッセル	buryusseru
Bucarest	ブカレスト	bukaresuto
Budapest	ブダペスト	budapesuto
Burdeos	ボルドー	borudō

El Cairo	カイロ	kairo
Calcuta	コルカタ	korukata
Chicago	シカゴ	shikago
Copenhague	コペンハーゲン	kopenhāgen
Dar-es-Salam	ダルエスサラーム	daruesusarāmu
Delhi	デリー	derī

Dubai	ドバイ	dobai
Dublín	ダブリン	daburin
Dusseldorf	デュッセルドルフ	dyusserudorufu
Estambul	イスタンブール	isutanbūru
Estocolmo	ストックホルム	sutokkuhorumu
Florencia	フィレンチェ	firenche
Fráncfort del Meno	フランクフルト	furankufuruto
Ginebra	ジュネーブ	junēbu
La Habana	ハバナ	habana
Hamburgo	ハンブルク	hanburuku
Hanói	ハノイ	hanoi
La Haya	ハーグ	hāgu
Helsinki	ヘルシンキ	herushinki
Hiroshima	広島	hiroshima
Hong Kong (m)	香港	honkon
Jerusalén	エルサレム	erusaremu
Kiev	キエフ	kiefu
Kuala Lumpur	クアラルンプール	kuararunpūru
Lisboa	リスボン	risubon
Londres	ロンドン	rondon
Los Ángeles	ロスアンジェルス	rosuanjerusu
Lyon	リヨン	riyon
Madrid	マドリード	madorīdo
Marsella	マルセイユ	maruseiyu
Méjico	メキシコシティ	mekishiko shiti
Miami	マイアミ	maiami
Montreal	モントリオール	montoriōru
Moscú	モスクワ	mosukuwa
Munich	ミュンヘン	myunhen
Nairobi	ナイロビ	nairobi
Nápoles	ナポリ	napori
Niza	ニース	nīsu
Nueva York	ニューヨーク	nyūyōku
Oslo	オスロ	osuro
Ottawa	オタワ	otawa
París	パリ	pari
Pekín	北京	pekin
Praga	プラハ	puraha
Río de Janeiro	リオ・デ・ジャネイロ	rio de janeiro
Roma	ローマ	rōma
San Petersburgo	サンクトペテルブルク	sankuto peteruburuku
Seúl	ソウル	sōru
Shanghái	上海	shanhai
Singapur	シンガポール	shingapōru
Sydney	シドニー	shidonī
Taipei	台北	taipei
Tokio	東京	tōkyō

Toronto	トロント	toronto
Varsovia	ワルシャワ	warushawa
Venecia	ベニス	benisu
Viena	ウィーン	wīn
Washington	ワシントン	washinton